WAS DIE WÖRTER FLÜSTERN
Hommage an die Sprache

2. verbesserte Auflage

Die Etymologie – oder Geschichte der Wörter, wie einige sie nennen – ist zweifelsohne ein faszinierender Bereich. Im Laufe der Zeit habe ich eine regelrechte Leidenschaft für sie entwickelt. Durch die oft Jahrtausende alte Geschichte eines Wortes kann man tief in sein Wesen hineinhorchen, kann man seine innere Welt der Sinne und Sinnlichkeit hören… man kann seine Aura spüren…

Aus meiner Sicht sind zwei Erkenntnisse die wichtigsten einer etymologischen Untersuchung: Auf der einen Seite bekommt man den Eindruck, alle Menschen sprechen eigentlich dieselbe Sprache – die Universal-Humane! Auf der anderen Seite zeigt uns die Etymologie, dass jede Nation in jeder Epoche, entsprechend ihrer Sensibilität, ihres Verstandes und ihrer Welt-Kenntnisse, und auch getreu ihres spezifischen Grund-Tons, die Ur-Sprache adaptiert und modelliert. In diesem ununterbrochenen Prozess erfrischt, nuanciert und personalisiert jede Nation ihre eigene Sprache, die nur so ein lebendes Organ, oder wie Heidegger sagt, das Haus der (nationalen)Seele, werden kann.

Am Anfang habe ich nur flüchtige Notizen über meine Auseinandersetzungen mit den Etymologien geschrieben. Dann wurden die Notizen immer umfangreicher. Doch viele Jahre kam mir nicht in den Sinn, diese Texte zu veröffentlichen. Jetzt habe ich aber meine Meinung revidiert und biete den Lesern diese kurze Sammlung von Essays an. In verschiedenen Abhandlungen habe ich wiederholt behauptet, dass *oft die Sprache klüger ist als der Sprecher* – das ist meine Überzeugung! Folglich kann ich dieses Buch nicht anders als eine Hommage an die Sprache verstehen – besonders an die Deutsche Sprache!

Thomas Brandsdörfer

THOMAS BRANDSDÖRFER

WAS DIE WÖRTER

FLÜSTERN

Hommage an die Sprache

2. verbesserte Auflage

Bibliografische Information der Deutschen Nationalbibliothek:
Die Deutsche Nationalbibliothek verzeichnet diese Publikation in der Deut-
schen Nationalbibliografie; detaillierte bibliografische Daten sind im Internet
über http://dnb.dnb.de abrufbar.

© 2015 Thomas Brandsdörfer

Herstellung und Verlag: BoD – Books on Demand, Norderstedt

ISBN: 978-3-734756900

INHALTVERZEICHNIS

II – ERWEITERTE GEFLÜSTER

Über Samen, Blumen, Gärten und Wörter
-anstatt eines Vorwortes-

Stellen Sie sich vor, Sie haben einen Samen in der Hand. Eindeutig einen Pflanzensamen, aber Sie wissen nicht, von welchen Pflanzen er ist. Fällt der Samen auf einen ungünstigen Boden, arm, undurchlässig, trocken, oder Sie haben keine Vorkenntnisse, wie man Pflanzen kultiviert, erstirbt er und es kann daraus gar nichts mehr werden. Sollte dieser Samen aber auf fruchtbaren Boden fallen, dabei auch Licht, Wärme und Feuchtigkeit bekommen, wird sein genetischer Kode erwachen und daraus wird eine Pflanze entstehen. Sagen wir: eine Tulpe. Erst jetzt wissen Sie: der Samen trug eine Tulpe in sich. Natürlich, je mehr Sie Samen und werdende Pflanze pflegen, desto schöner, größer und kräftiger wird Ihre Tulpe sein. Vergessen Sie bitte nicht, sie vor Krankheiten und Parasiten zu schützen – es könnte sein, dass sie sonst stirbt oder unkenntlich wird!

Sie haben also Erfolg gehabt! Sie bewundern Ihre Tulpe. Es könnte sein, dass Sie sie auch lieben, denn sie ist auch Ihr Werk – sie ist nicht nur dank dem genetischen Kode ihres Samens, sondern auch mit Ihrer Hilfe entstanden! Leider wird die Freude schnell nachlassen. Sie wollen Ihre Tulpe nicht alleine lassen, Sie wollen mehr von den schönen Blumen, Sie wollen, ja, einen ganzen Garten. So ist es: um Schönheit zu erweitern, verlangen Blumen Blumen. Im Strauß, auf dem Beet, im Klein- oder Großgarten sind sie am schönsten nur in Gemeinsamkeit. Die Farbe jeder einzelnen wird leuchtender und ausdrucksvoller in der Nachbarschaft zu anderen erscheinen. Farben, Formen, Düfte helfen einander in voller Sympathie und bilden so zusammen, zum Staunen und zur Erhebung der Menschenseele, wahre Symphonien, Märchen, Sagen.

Obwohl schöne Gärten fast überall anzutreffen und zu genießen sind, könnte es sein, dass einer oder der andere im Spiel der Samen und der Blumen, im Spiel des Kultivierens sein Leben sieht. Also: an die Arbeit, guter Gärtner! Der neue Garten braucht dein Können, dein Wissen und auch dein Herz. In eine Ecke wirst du vermutlich blaue Blumen pflanzen, daneben vielleicht die gelben, da Rosen, hier, vorne, Veilchen oder Margeriten; vergiss nicht den Rhododendronbusch, und auch nicht, dass dein schöner Garten ein bisschen Schatten haben muss... Du machst es schon! Sollte deine Tat am Ende gelungen sein, brauchst du uns nichts mehr zu sagen – der Garten wird an deiner Stelle die Rede halten; er wird malen und sogar auch musizieren. Er ist dein Werk und auch dein Wort an uns... Aber gib Acht, mein Lieber, und sei nicht traurig: du wirst deinen Garten nur als Samen weitergeben können. Ein anderer wird diese Samen erwecken und kultivieren, um sich über einen Garten ähnlich deinem – und nicht identisch! – zu freuen...

Sie haben ein Büchlein über Wörter in den Händen. Warum denn als Vorwort diese poetisch gefärbte Gärtnerei-Lektion? Ich will Ihnen die Antwort nicht lange schuldig bleiben:

Ersetzen wir in diesem Text ein paar Begriffe. „Samen" ersetzen wir mit *Wort*. Anstatt „genetischer Kode des Samens" lesen wir die *Bedeutungsintention* des Wortes, wie Edmund Husserl sagte[1]. Anstatt „Blume" ist die *erfüllte* (bestätigte, bekräftigte, illustrierte – Husserl) *Bedeutung* eines Wortes zu verstehen. Den günstigen oder ungünstigen „Boden", worauf der Samen fällt, sollen wir mit der *Fähigkeit bzw. Unfähigkeit*, ein Wort zu *verstehen*, ersetzen. Die „Vorkenntnisse, wie man Pflanzen kultiviert" sind, ganz einfach, die *Sprachkenntnisse*, die benötigt werden um ein Wort überhaupt zu identifizieren. Durch die „Pflege" der Pflanze ist die *Erweiterung und Nuancierung der Bedeutung* eines Wortes zu verstehen. Die „Krankheiten und Parasiten", die die Blume unkenntlich machen können, sind der *Verfall* und die *Pervertierung der Bedeutung* eines Wortes. Schließlich ist es klar, dass in diesem Schlüssel „Blumenstrauß", „Beet" und „Garten" gesprochene oder geschriebene *Phrasen, Texte*, bis hin zu langen *Reden* oder *Büchern* bedeuten. Was sind letztere anderes, als wunderschöne Gärten des menschlichen Geistes? Wo kann man gewinnbringender ein Spazierengehen erfahren, als durch- und in die guten Bücher?

Um mehr Deutlichkeit zu erlangen, hier die Umschreibung unserer Gärtnerei-Lektion:

Stellen Sie sich vor, Sie haben ein Wort vor sich (gehört oder geschrieben) z.B. dieses: φρονεῖν (ein altgriechisches Wort). Eindeutig ist es ein Wort, aber Sie wissen nicht, was es bedeuten soll. Trifft dieses

---

[1] Edmund Husserl *Logische Untersuchungen*, II. Band, I. Ausdruck und Bedeutung – Max Niemeyer Verlag Tübingen, 1993.

Wort auf einen kranken Menschen, der unfähig ist zu verstehen, oder der keine Sprachkenntnisse in Altgriechisch hat, ist es so gut wie tot und es kann daraus gar nichts mehr werden. Sollte aber dieses Wort auf einen Menschen treffen, der fähig ist zu verstehen und auch in Altgriechisch Sprachkenntnisse hat, wird seine Bedeutungsintention begreifbar, sprich: sie wird erwachen. Unter dieser Voraussetzung wird dabei auch seine erfüllte Bedeutung, d.h. bestätigte, bekräftigte, illustrierte Bedeutung, wie Husserl sagt, entstehen. Erst jetzt wissen Sie, dass das Wort den Begriff *denken* in sich trug. Natürlich, je mehr Sie Wort und Bedeutung pflegen – d.h. Erweiterung und Nuancierung durch logische, kulturelle und emotionelle Verknüpfungen und Vergleiche betreiben – desto schöner, größer und kräftiger wird dessen Sinn und Welt sein. Vergessen Sie bitte nicht, die so gebildete Bedeutung vor Verfall und Pervertierung zu schützen – es könnte sein, dass sie stirbt oder unkenntlich wird!

Sie haben also Erfolg gehabt! Sie bewundern die Menge der verstandenen und gefundenen Bedeutungen. Es könnte sein, dass Sie sie auch lieben, denn sie sind auch Ihr Werk – sie sind nicht nur dank der schon vorhandenen Bedeutungsintention des Wortes, sondern auch mit Ihrer Hilfe entstanden! Leider wird die Freude schnell nachlassen. Sie wollen die Bedeutungen des Wortes nicht alleine lassen, Sie wollen mehr von dem Verstehen, Finden und Erfüllen haben, Sie wollen, ja, eine ganze Phrase, eine volle Aussage, wenn möglich ein ganzes Buch davon. So ist es: um die eigene Bedeutung zu erweitern, verlangen Wörter Wörter. In Phrasen, in Aussagen, in kleinen oder großen Büchern sind die Bedeutungen am Tiefsten und am Sinnlichsten nur in Gemeinsamkeit. Die „Farbe" jedes einzelnen Begriffs wird leuchtender und ausdrucksvoller in Nachbarschaft zu anderen erscheinen. Sinn, Bedeutungen, Wörter-Farben und Düfte helfen einander in voller Sympathie und bilden so zusammen, zum Staunen und zur Erhebung der Menschenseele, wahre Symphonien, Märchen, Sagen – Gärten des Geistes.

Obwohl Wortsymphonien, Sagen und Aussagen, Märchen – sprich: Bücher-Gärten-des-Geistes – fast überall zu treffen und zu genießen sind, könnte es sein, dass einer oder der andere im Spiel des Wortes und der Bedeutung, im Spiel des Kultivierens sein Leben sieht. Also: an die Arbeit, guter Gärtner! Der neue Garten, Buch oder Aussage – du kannst es nennen wie du willst – bedarf deines Könnens, deines Wissens und auch deines Herzens. Hier und da wirst du den Wörtern verschiedene Bedeutungen, Nuancen, aber auch Farben oder Düfte geben, und alle wirst du in Harmonie verflechten. Du machst es schon! Sollte deine Tat zu Ende und auch gelungen sein, brauchst du nichts mehr zu sagen – der Buch-Garten wird an deiner Stelle die Rede halten; er wird malen und sogar auch musizieren. Der ist dein Werk und auch dein Wort an uns… Aber gib Acht, mein Lieber, und sei nicht traurig: du wirst deinen Buch-Garten nur als Wörter-Samen weitergeben können. Ein anderer wird diese Wörter erwecken und kultivieren, um über einen Garten ähnlich deinem – und nicht identisch! – sich zu freuen…

In einer anderen Abhandlung zu diesem Thema kam ich zur folgenden Metapher:

Besonders bei der Beschreibung und dem Ausdruck von tiefen, intensiven seelischen Zuständen – die oft in Romanen vorkommen –, erreichen die Wörter bzw. die Sprache, ihre Grenzen. Auch die sehr begabten Schriftsteller, wahre Künstler der Sprache, müssen sich zufrieden geben mit der Tatsache, dass ihre Beschreibungen für den Leser nur eine Suggestion, eine Andeutung und gar nicht eine hundertprozentige Übertragung sein kann. Dieser Umstand ist nicht nur der typischen subjektiven Wahrnehmung jedes Kunstwerkes zu verdanken, sondern vor allem den Wörtern, die nur ein *semantischer Keim* – ein Samen eben – sind. In dem Geist des Schriftstellers waren damals seine Emotionen, Gedanken und Empfindungen lebendige Blumen. Niedergeschrieben, sind diese Erlebnisse zu Wörter-Samen geworden, mehr oder weniger trocken, mehr oder weniger tot. Sie warten auf das Wunder ihrer Auferstehung, ihres Wiederaufblühens – ähnlich, aber nicht identisch(!) – in dem Geist des Lesers. Das Wort ist der Winter der Emotionen, ihr Winterschlaf, und das Lesen und Verstehen des Geschriebenen ist der Emotionen Frühling. Der Schriftsteller verschließt seine Emotionen in Wörter-Winter, die geduldig auf ihre Wiederbelebung in dem Lese-Frühling warten. Schreiben ist Konservieren, lesen Gebären.

So ist unsere etwas eigenartige Gärtnerei-Lektion zur Skizze und Andeutung der semantischen Funktionalität des Wortes geworden.

Tatsächlich ist anerkannt, dass das Wort, an und in sich, durch seine schlichte Funktion, etwas nur zu *bezeichnen*, semantisch mit *Zeichen* (das etwas *zeigt*) und dadurch auch mit *zeichnen* bzw. *Zeichnung* (andeutende Skizze) verwandt ist. Entsprechend kann das Wort nur ein *Anzeiger* sein. Das Wort ist ein Kode, eine Chiffre, eine Konvention – oder wie ich zu sagen pflege: ein Samen. Ist Konvention oder Kode des Wortes bekannt (Sprachkenntnisse!), erscheint gleichzeitig seine Bedeutungsintention. Wir wissen automatisch, dass z.B. das Wort *Haus* eben ein Haus anzeigt. Aber dieses Wort bezeichnet nicht viel mehr als ein Gebäude, wo sich in der Regel Menschen befinden. Zu wissen, ob es ein Wohn-Haus, ein Park-Haus, ein Bank-Haus oder Freuden-Haus ist, bedarf es eben, neben dem Wort *Haus*, noch anderer anzeigender Wörter, wie oben: *wohn*(en), *park*(en), *Bank*, *Freude*. Umso mehr brauchen wir Wörter, um uns ein Bild zu machen, welche zusätzlichen Eigenschaften dieses Haus haben soll. Wie schon gesagt: Um die eigene Bedeutung zu erweitern, verlangen Wörter Wörter!

Es ist hier wichtig zu betonen, dass alle Prozesse, die nach dem Verstehen des Kodes, also nach der Erscheinung der Bedeutungsintention stattfinden, subjektiv gefärbte Deutungs- und Vorstellungsprozesse sind. Damit ist gesagt, dass sowohl die Bedeutungserfüllung, als auch die von mir erwähnte Pflege, d.h. Erweiterung und Nuancierung der Bedeutung eines Wortes, von der eigenen Wahrnehmungserfahrung, Kultur und Sensibilität des Subjektes direkt abhängig sind. So ist es zu erklären, warum in unserem Text dem Gärtner bzw. Schriftsteller gesagt wird: „du wirst deinen Buch-Garten nur als Wörter-Samen weitergeben können. Ein anderer wird diese Wörter erwecken und kultivieren, um über einen Garten *ähnlich* deinem – und *nicht identisch!* – sich zu freuen…" Auch die sehr nuancierten und präzisen Bedeutungsstrukturen erzeugen bei dem Leser oder Hörer Vorstellungen, die immer etwas abweichend von denen sind, die der Schreiber oder Sprecher ursprünglich hatte. Folglich ist nicht nur Schreiben oder Reden ein kreativer Akt, sondern auch Lesen und Hören. Kurzum: die Sprache ist ein kreativer Akt.

In dieser Hinsicht hier ein oft erwähntes, weil vollkommen zutreffendes Zitat aus Wilhelm von Humboldt[2]: *Die Sprache, in ihrem wirklichen Wesen aufgefasst, ist etwas beständig und in jedem Augenblicke*

---

[2] Wilhelm von Humboldt *Über die Verschiedenheit des menschlichen Sprachbaues* (§ 8. 12) Berlin 1836.

Vorübergehendes. Selbst ihre Erhaltung durch die Schrift ist immer nur eine unvollständige, mumienartige Aufbewahrung, die es doch erst wieder bedarf, dass man dabei den lebendigen Vortrag zu versinnlichen sucht. Sie selbst ist kein Werk (Ergon), sondern eine Thätigkeit (Energeia). Ihre wahre Definition kann daher nur eine genetische seyn. Sie ist nemlich die sich ewig wiederholende Arbeit des Geistes, den articulirten Laut zum Ausdruck des Gedanken fähig zu machen. Es ist genau diese „Arbeit des Geistes" die die Schlichtheit des Wortes in wahre Welten von Bedeutungen und Nuancen verwandelt. Die Sprache als Tätigkeit (Energeia) ist die Chance des Wortes, das ursprünglich nur ein Anzeiger ist. Anders ausgedrückt: die Sprache umhüllt und bereichert den denotativen Kern des Wortes mit einer konnotativen Aura. Der Übergang von der Bedeutungsintention zur Bedeutungserfüllung und besonders hin zur Erweiterung und Nuancierung der Bedeutung eines Wortes ist eigentlich der Qualitäts-Sprung vom Wort zur Sprache, ist der Sprung von der normativen Welt der Denotation zu der freiheitlichen Welt der Konnotation. Sprache und Konnotation, d.h. zusätzliche, assoziative Bedeutungen oder unterschwellige Bedeutungen bilden zusammen einen flexiblen Entfaltungsraum für die Freiheit und die Individualität.

Es liegt auf der Hand: man könnte viele Parallelen zwischen dem Wesen der Sprache und dem der Musik, Malerei und auch der Architektur ziehen. Was der Komponist aus den relativ armen musikalischen Noten, der Maler aus den Farben, oder der Architekt aus den wenig aussagenden Baumaterialien, wie Zement, Ziegelsteine, Glas, Holz usw. gestalten, gestalten Redner und Schriftsteller, aber wohl auch Hörer und Leser, mit den Wörtern – und zwar wahre Kunstwerke! Denn alle diese Tätigkeiten sind nichts anderes als Strukturieren im Namen und Dienste der Bedeutung und des Ausdrucks. Aber das Verfahren des Strukturierens ist ein anderes – sehr umfangreiches und spannendes – philosophisches Thema.

∗∗∗

Die Aufmerksamkeit dieses Buches richtet sich ausschließlich auf die Wörter und deren Bedeutungen; dabei nicht mal auf Kode oder Chiffre der Wörter und deren Entzifferung sprich: Wahrnehmung und Verstehen der Bedeutungsintentionen. Sie richtet sich auch nur bedingt auf die Bedeutungserfüllung, obwohl diese, wie oben gezeigt, schon einen Subjektiven Akt darstellt. Der wahre Anlass dieses Buches ist die Erweiterung und Nuancierung der Bedeutung eines Wortes, was in diesem Text auch „Pflege der Pflanze" genannt wurde. Denn nur durch Pflege zur Erweiterung und Nuancierung der Wörter werden diese viel mehr sagen als sie be-zeichnen. Nur durch diese Pflege kann das wahre Be-greifen, als Krönung des Be-zeichnens, entstehen. Erweiterung und Nuancierung der Bedeutungen der Wörter heißt Armut des Be-zeichnens überwinden, um an den Reichtum des Be-greifens zu gelangen. Nur so können wir hören – natürlich mental, und nicht akustisch –, was die Wörter flüstern. Nur so, getragen von symphonisch vermähltem Geflüster, verwandelt sich ein Text vom schlichten Telegramm in eine Rede, Dichtung und Roman. Nur so verwandelt sich der Garten in eine ganze Welt.

Es ist schon erwähnt, dass diese „Pflege" von der eigenen Wahrnehmungserfahrung, Kultur und Sensibilität des Subjektes direkt abhängig ist. Da die Wahrnehmungserfahrung eines Menschen nicht beeinflusst werden kann, bleibt es Aufgabe dieses Buches, nur ein paar Beispiele zu geben, wie mittels Kultur und Sensibilität die Welt der Bedeutungen eines Wortes erweitert und vertieft werden kann. Wie kann man das Geflüster der Wörter hören?

Dafür gibt es zwei Wege:

-Der Ursprung und Werdegang eines Wortes – sprich: die Etymologie – ist nicht selten ein sehr geeignetes Mittel, seine wahre Bedeutung zu kennen, zu erweitern und zu befestigen. Es verhindert auch die Gefahr der falschen Benutzung, d.h. schützt vor Verfall und Pervertierung, vor Sterben der Bedeutung. Es bedarf nur ein wenig Wissen und gut auf das Wort zu horchen, um seine intimsten Bedeutungsklänge, seine Ur-Aussage unmittelbar nach der Geburt, wahrzunehmen. Aus diesem Grund habe ich im ersten Teil des Buches eine Serie von Klein- und Kleinstartikel eingeführt, die sich auf die Etymologie der Wörter berufen. Dazu zeigt die Etymologie oft die Gedankengänge der Menschheit und dadurch auch die Verdienste einer oder der anderen Sprache. Dieses Mittel stützt sich ausschließlich auf die Kultur des Subjektes.

-Ein anderes Mittel zur Erweiterung und Nuancierung der Bedeutung eines Wortes ist die Assoziation zweier Begriffe und die Analyse der gegenseitigen Bedeutungsbereicherung. Wie schon gesagt: Wörter bereichern sich durch Wörter! So z.B. klären sich die Wörter *Kirche* und *Dorf* oder *Linie* und *Kreis*, im Zusammenhang betrachtet, gegenseitig und bekommen ungeahnte zusätzliche Bedeutungen. Dann flüstern sie etwas dazu! Natürlich ist dieses Verfahren evident spekulativ und subjektiv, schließt also Sensibilität, Fantasie und Dichtung des Subjektes ein, und trotzdem schließt es Kultur und das logisches Denken nicht aus. *Dichten und Denken gehören in die Nachbarschaft* – sagte Heidegger! Diese Art der Erweiterung und Nuancierung der Bedeutungen eines Wortes regt Essays an; und zwar Essays, wo Duft und Klang mit der Vernunft zusammen musizieren. Sie nimmt den oben erwähnen „flexiblen Entfaltungsraum für die Freiheit und die Individualität" vollkommen in Anspruch. Die Texte, die sich auf dieses Verfahren berufen, nenne ich Mini-Essays; sie bilden den zweite Teil des Buches.

Eine neue Epoche wird bald in unserer Zivilisation beginnen müssen. Eine Epoche in welcher die Werte aller Art Achtung und Respekt wieder erfahren werden. Die richtige Bedeutungen der Wörter, vor allem deren „Geflüster", sind die kardinalen, die wahren Werte der Sprache, die, wie Heidegger sagte, „das Haus des Seins ist". Ist die Sprache verkrümmt, verstümmelt, verroht, ist das Sein des Menschen ebenso: verkrümmt, verstümmelt und verroht. Die Wahrnehmung der Wortgeflüster ist nicht Sache nur der Germanisten oder Philosophen, sondern Sache jedes Menschen, der diese neue Epoche mitgestalten will. Das hat mich veranlasst, dieses Büchlein zu schreiben.

Zum Schluss möchte ich nochmals betonen, dass jeder einzelne Text dieses Buches ausschließlich als Beispiel und Anregung zur selbsttätigen Erweiterung und Vertiefung der Wort-Bedeutungen zu verstehen ist. Deswegen kann auch die Reihenfolge des Lesens beliebig sein.

Nun, bleibt mir nur, dem Leser zu wünschen, Gefallen an diesem Buch zu finden. Wie oben im Text: Der Gärtner braucht uns nichts mehr zu sagen – der Garten wird an seiner Stelle die Rede halten.

I – ETYMOLOGISCHE GEFLÜSTER

Thomas Brandsdörfer

Religion

Fragen Sie einige Menschen, was bedeutet für sie die Religion. Sie werden verschiedene Antworten bekommen: Etwa moralischer Halt, Hoffnung, Hilfe im Leben und beim Sterben, Zuversicht, Liebe und vieles mehr. Alles gut, schön und wahr, denn jeder Gläubige empfindet mehr oder weniger in seiner Art den Glauben an Gott. Sie werden leider auch negative Antworten hören – so ist es in einer freiheitlichen Gesellschaft.

Wenn man aber die Frage stellt „Was bedeutet das Wort *Religion?*", werden die meisten Menschen, außer den Fachleuten, kaum etwas antworten können. Ich glaube, dass das Klären der Bedeutungen des Wortes *Religion* eine Nuancierung, Ergänzung/Erweiterung und Richtigstellung des persönlichen Empfindens des Glaubens mit sich bringen kann.

Das deutsche Wort *Religion*, fast identisch klingend in den meisten Sprachen, ist eine Übernahme von dem lateinischen *religio*. Wie entstand und was bedeutet *religio*? Hier scheiden sich die Geister. Es gibt zwei Meinungen:

Cicero meinte, das Wort *religio* – was im Allgemeinen auch gewissenhafte Berücksichtigung, Sorgfalt bedeutet – kommt von *relegere*. Bekannterweise bezeichnet „*re-*" in allen Sprachen die Wiederholung einer Aktion. *Legere* stammt von *lego*. Dieses Wort bedeutet sammeln (siehe das berühmte Spiel mit dem selbem Namen!), aber auch lesen (etwa Buchstaben sammeln). Dementsprechend bezeichnet *religio* bzw. *Religion*, kurz und einfach gesagt: Mit Sorgfalt wiederlesen – natürlich die Heiligen Schriften.

Andere Gelehrte, zu denen auch Sankt Augustinus zu zählen ist, meinen *religio* stammt von *religare*. In diesem Fall ändert sich der Sinn beachtlich. Denn *ligare* bedeutet binden, verbinden, vereinigen etc. (davon kommt auch das Wort Liga!). Dementsprechend bezeichnet *religio* bzw. *Religion* die (wieder)Bindung an Gott und Kirche, und zugleich, oft betont, die (wieder)Vereinigung zwischen den Menschen – natürlich unter Gottes Stern.

Ist nun das Wort *Religion* ein Ansporn, immer wieder mit Acht und Sorgfalt ihre Vorschriften zu lesen und zu vertiefen – so wie es Cicero durch *relegere* versteht? Oder ist das Wort *Religion* ein Ansporn für die Menschen, sich mit Gott und unter sich zu vereinigen – so wie Sankt Augustinus durch *religare* dies versteht? In der Praxis sind beide Theorien wahr und edel – keine Frage!

Da in etymologischer Hinsicht keine der beiden Theorien Oberhand über die andere nimmt, steht es uns der Vernunft nach frei, an welche wir glauben, welche von den beiden besser mit unseren Vorstellungen und Empfindungen bezüglich des Glaubens übereinstimmt. Wunderschöne Wahlfreiheit!

Ich habe schon gewählt! Für mich gilt primär die „Augustinus Variante": *Religion* ist *religare* d.h. Wiederbindung, Wiedervereinigung. In einer Zeit, wo sich übertriebener Egoismus und Furcht erregende Einsamkeit breit machen, tut es wirklich Not, dass die Menschen sich wieder annähern – natürlich unter dem Zeichen des Guten, den die Christliche Moral anbietet. Dann wird es etwas wärmer in den Seelen! Dann wäre auch die Zeit gekommen, um mit Acht und Sorgfalt die Vorschriften zu lesen und zu vertiefen – eben die *Religion* als *relegere* zu praktizieren, wie Cicero es wollte.

PS. Wenn Sankt Augustinus die historischen Szenen, gesehen hätte, die in Berlin am Abend des 9. November 1989 die Wiedervereinigung unserer Nation eingeleitet haben, bestimmt hätte er in lateinisch gerufen: „herrliche *religare*!". Er hätte vielleicht auch das Wort *religio* auf seinen Lippen gehabt – denn es war so!

Nation

Dass das deutsche Wort *Nation* – Zwillingsbruder des französischen *nation*, des englischen *nation* und vielen anderen, die das Gleiche bezeichnen – von dem lateinischen *natio* stammt, ist eindeutig. Interessant ist aber, dass *natio* eine der Ableitungen von dem lateinischen *nascor* ist. Und *nascor* bedeutet geboren werden. Es sei hier beiläufig erwähnt, dass auch das Wort *natura* von demselben *nascor* stammt. Die ursprüngliche Bedeutung von *natio* ist also Geburt. Die breitere Bedeutung ist: Menschen geboren in derselben Zeit oder im selben Ort. Das bezeichnete die lateinische Sprache durch *nationes*! Nicht lange! Bald sind die Nuancen „gleiche Kultur und gleiche Sprache" hinzu gekommen. Eine einengende Nuance, die aber ihre Logik zweifelsohne hat. Nach Übernahme des Christentums setzte sich die Einengung der Bedeutung des Wortes in verfremdender Weise fort: *nationes* wurden die heidnischen Völker verachtend genannt, im Gegensatz zu dem „Gottes Volk" (selbstverständlich die Römer!).

Die opportunistische Manipulation der Bedeutungen des Begriffes *nationes* und seiner Ableitungen hat leider in der Geschichte „Schule" gemacht. Die Liste der Beispiele ist lang und oft traurig, wenn nicht sogar pervers, denn *Nation* wurde nicht selten, direkt oder indirekt, personifiziert, d.h. gleichgestellt mit dem einen oder anderen „Führer", der bestimmt kein Apostel der Demokratie gewesen ist.

Mir liegt es fern, die alte Bedeutungen der Wörter wieder herzustellen zu versuchen. Es wäre unmöglich und auch unklug! Gegen die Sprache kann man nicht kämpfen. Doch hier und da ein In-Erinnerungbringen von alten Bedeutungen eines Wortes könnte uns Holzwege ersparen.

Gewiss, der modernen Denkweise genügt nicht die Urbedeutung des Wortes *natio* – „Menschen geboren in der selben Zeit oder im selben Ort". Zuerst muss der Begriff „Ort" genauer definiert (sprich abgegrenzt) werden. Die schon in der Antike hinzu gekommenen Nuancen „gleiche Kultur und gleiche Sprache" zeichnen die richtigen Grenzen innerhalb welcher eine *natio / Nation* entsteht und als solche gedeutet werden kann.

Die Wissenschaft und die Geschichte zeigen, dass ab diesem Punkt des Gedankenganges eine Erweiterung des Begriffes und gar nicht eine Einengung, wie der Fall in der Vergangenheit war, nötig ist. Man kann nicht die Menschen, seien diese auch im selben Ort geboren, getrennt von deren Charakter und Temperament, aber vor allem getrennt von deren Taten, in Betracht ziehen. Sie sind keine neutral-anonymen Subjekte! Manchmal großartig und großzügig, manchmal von Größenwahn überkommen und manchmal nur großspurig, die wichtigeren Taten der Menschen sind mitentscheidend für die Bildung des Profils einer Nation. Politischer, militärischer, kultureller, wissenschaftlicher oder wirtschaftlicher Art, diese Großtaten sind eigentlich, genau wie die Menschen, Erscheinungen „im selben Ort", d.h. innerhalb der Grenzen der „gleichen Kultur und gleichen Sprache". Die Autoren dieser Taten sind die Menschen „geboren in dem selben Ort" oder wenigstens dauernd lebend in demselben Ort.

Also die Summe wichtigerer Taten der Menschen definiert deren Nation mit.

Ob es dem einen oder anderen gefällt oder nicht, es ist deutlich sichtbar, dass, mindestens in dieser Interpretation seiner Urbedeutung, der Begriff *Nation* keinen Platz einer sanguinen Bedingung („Blutprinzip"!) für die Zugehörigkeit zu ihr lässt. Hätte diese Prinzip-Bedingung Gültigkeit, dürften die Vereinigten Staaten z.B. nie über eine Nation reden und hätten nichts nationales gehabt – nicht mal eine als solche bezeichnete Währung oder Archiv. Absurd!

Wiederum: ob es dem einen oder anderen gefällt oder nicht, diese Interpretation der Urbedeutung des Wortes *Nation* ist für manche Anwärter auf ihre Zugehörigkeit nichts anderes als eine Einladung – ja, vielleicht auch Pflicht! – sich auch zu integrieren in diesen Korpus. Denn, um einer Gruppe anzugehören, egal welcher Art, genügt es nicht, nur das eine oder andere Aufnahmekriterium bei beliebiger Wahl zu erfüllen, sondern mindestens die Erfüllung der Mehrheit dieser Kriterien ist nötig.

Ob es dem einen oder anderen gefällt oder nicht: Die ursprüngliche Bedeutung des Wortes *natio* ist immer noch sehr modern! Oder ist sie erst jetzt sehr modern?

Demokratie

Nicht nur das Wort *Demokratie*, sondern auch *die Demokratie* als politisches Prinzip sind Erfindungen der antiken griechischen Zivilisation. Das Wort, verbreitet jetzt in allen Sprachen, hieß damals *dēmokratia*. Es ist aus den griechischen Wörtern *dēmos* (Volk) und *kratein* (herrschen) gebildet – mit anderen Worten: die Herrschaft des Volkes (und nicht etwa das Herrschen über das Volk!).

Ursprünglich war unter *dēmos* nur „Land, Territorium" zu verstehen. Wahrscheinlich im Gegensatz zu den Reichen und Einflussreichen (sprich Adlige), die überwiegend in den Städten wohnten, hat man die ärmeren Menschen (wohl gemerkt: freie Menschen, keine Sklaven!), die mehrheitlich außerhalb der Städte wohnten, auch *dēmos* genannt. Diese Nuance hat leider bis jetzt überlebt, wenn z.b. jemand, der eine privilegierte materielle Position hat, über „das gemeine Volk" spricht. Vom *dēmos*, dass schließlich Volk im Allgemeinen bedeutete und auch jetzt bedeutet, stammen noch einige aktuelle Wörter, u.a.: Demo-skopie (gr. *skopein* bedeutet sehen, schauen), zu Deutsch Volksbefragung, im Sinne „Umschau über die Meinung des Volkes", Dema-goge vom gr. *dēmagogos* (politischer Chef) – am Anfang ohne die heute bekannte negative Bedeutung und auch Epi-demie von gr. *epidemia* (gr. *epi-* bedeutet u.a. dabei, an, auf, bei) mit dem Sinn „im Volk vorhanden, verbreitet" (in der Regel Krankheit) und Pan-demie von gr. *pandemos* (gr. *pan-* bedeutet all, jeder, ganz) mit dem Sinn „Krankheit, die das ganze Volk erfasst".

Das griechische Wort *kratein* stammt von *kratos*, das zuerst „Härte" ausdrückte. Bald kamen hinzu die Bedeutungen: Kraft, „physische Kraft, die den Triumph ermöglicht" und davon Sieg, Macht, Souveränität. Kombiniert mit *dēmos*, ergibt das Wort *dēmokratia*, buchstäblich übersetzt: „die Souveränität des Volkes". Interessant sind auch andere Ableitungen von *kratos*, u.a.: *aristo-kratia* (gr. *aristos* bedeutet der Kräftigere, der Edelste und der Beste), zu Deutsch Aristokratie, oder das Wort *auto-krates*, das bedeutet der, der durch sich selbst, allein regiert (hier sind die Diktatoren gemeint!). Auch neuere Wörter, wie Technokratie/Technokraten stammen von dem griechischen *kratos*.

Klare, übersichtliche Etymologie! Es wäre kaum nötig über das Wort *Demokratie* weiter zu reden, wenn seine wunderbare Bedeutung – „die Souveränität des Volkes" – in der Praxis nicht ein so trauriges Schicksal gehabt hätte.

Betrachtet mit den Augen und dem Verstand von heute, muss man bemerken, dass schon seine Väter, die Griechen, zwar das Wort *dēmokratia* erfunden und das Prinzip perfekt verstanden, aber in der Praxis ziemlich missbräuchlich appliziert haben. Die Sklaven hatten weder das Recht zu wählen, noch das, gewählt zu werden. Die freien Menschen, arm oder ein bisschen besser situiert – *dēmos*, also Volk genannt! – hatten nur das Recht zu wählen, aber nicht gewählt zu werden. Nur die Aristokraten hatten beide Rechte: wählen und gewählt zu werden. Dürftig, in Vergleich mit dem wunderbaren Wort *dēmokratia*!

Während einer gewaltigen Zeitspanne, zwischen der antiken griechischen Zivilisation und der Französischen Revolution (1789-1799), hat sich ein schmähliches Schweigen über das Wort und das Prinzip *Demokratie* niedergelassen. Für die irdischen und kirchlichen Fürsten, müsste das Wort *Demokratie* Gift gewesen sein! Bei ihrer Revolution, die eine neue Ära für ganz Europa eingeleitet hat, sind die Franzosen die ersten, die diesem Wort zur Wiedergeburt verholfen haben.

Seitdem, sehr langsam, sehr vorsichtig und oft sehr einseitig, sind in Europa und Nord Amerika zuerst das Wort und danach auch das Prinzip *Demokratie* eingeführt worden. Wenn man bedenkt, dass in Europa die Frauen erst im zweiten Jahrzehnt des 20. Jahrhundert wählen durften, scheint dieser Prozess sich sehr zäh entwickelt zu haben! Und das ist nicht alles:

Nicht nur dass die Einführung der Demokratie in der Praxis unvollkommen, zum großen Teil nur „auf dem Papier" geschehen ist, sondern die Demokratie ist oft auch ganz einfach ausgesetzt worden: In Deutschland der Nationalsozialismus und in weiten Teilen der Welt der Kommunismus. Dieser letztere hatte auch den Zynismus, sich demokratisch zu nennen, wobei er genau das Gegenteil war! Der Name „Deutsche Demokratische Republik" war eine Beleidigung für die alte griechische Kreation: das Wort und das Prinzip *dēmokratia*!

Gute 2.500 Jahre hat es gedauert bis nach dem Zweiten Weltkrieg einige richtige Demokratie „Oasen" entstanden. Ist es nicht viel zu lange für eine so wertvolle Idee?

Artikel 20, Abs. 2 vom Grundgesetz führt endgültig die Demokratie in unserem Lande ein: „Alle Staatsgewalt geht vom Volke aus" – und endlich wird sie auch in der Praxis weitgehend appliziert! Weitgehend? Ja, weitgehend und nicht vollkommen, denn einige Wermutstropfen sind noch da. Strikt gemessen an dem Wort *dēmokratia*, bleiben bei einigen aktuellen politischen Verfahren manche Fragezeichen: Inwiefern ist in politischen Entscheidungen wirklich der Wille des Volkes am Werk, so lange nur eine Hälfte der entscheidungstragenden Abgeordneten, Ab-geordnete des Volkes sind, und die andere Hälfte Ab-geordnete der Parteien? In welchem Ausmaß stimmen die Politiker einer Entscheidung nach bestem Wissen und Gewissen zu oder lehnen sie ab, trotz Parteidisziplin, Fraktionszwang und trotz der Möglichkeit, dass falls sie nicht im Sinne der Partei agieren, sie demnächst nicht mehr von dieser zur Wahl vorgeschlagen werden? Und schließlich: Kann der Wille des Volkes, den die Entscheidungsträger vertreten, und deren bestes Wissen und Gewissen dem mächtigen Einfluss der Lobbyisten immer erfolgreich standhalten?

Es wird gesagt, dass wenigstens ein Teil dieser „Schönheitsfehler", wegen der Logistik eines so schwierigen Unternehmens wie das Führen eines Landes unabdingbar wären. Mag es so sein. In diesem Fall entsteht eine andere Frage: Ist die Demokratie, bei vollkommener Respektierung der Bedeutungen des Wortes, überhaupt möglich? Ist nicht die alte *dēmokratia* ein Wunschtraum, eine Utopie?

Thomas Brandsdörfer

Maß, messen

Versuchen sie, sich vorzustellen: Wie würde unsere Welt ohne das *Messen* bzw. ohne *Maß* aussehen? So eine Vorstellung übertrifft unsere Denkvermögen, sie ist kaum möglich! Nichts was der Mensch auf dieser Erde in materieller Hinsicht geschafft hat – von der Lehmhütte bis zum Computer – wäre möglich ohne zu *messen*. Das Chaos wäre perfekt! Ohne Zweifel, *messen* ist eine der ältesten und wichtigsten Tätigkeiten des Menschen, um die wissenschaftliche und technische Zivilisation zu entwickeln. *Maß* und *messen* haben eine enorme Bedeutung in technisch-physikalischem Sinne!

Viel leichter dagegen ist ein Versuch, uns vorzustellen, wie die Welt aussehen würde, wenn die Taten der Menschen ohne *Maß* sind. Wir brauchen dafür nur an Kriege, an Konzentrationslager (von Auschwitz und „Gulag" bis Guantanamo), oder an Diktaturen, Morde, Vergewaltigungen und – warum nicht? – an die neuere Finanzkrise zu denken. Sich und seine Taten *messen*, *Maß*halten, *gemäßigt* sein und die Verhältnis-*mäßig*-keit zwischen Zweck und Mittel zu wahren sind die unweigerlichen Gebote, um die soziale Zivilisation zu entwickeln. *Maß* und *messen* haben eine enorme Bedeutung auch in ethisch-moralischem Sinne!

Mein Anliegen ist nicht nur die Wichtigkeit der Begriffe *Maß* und *messen* in Erinnerung zu bringen, sondern auch zu betonen, dass die beiden Bedeutungen dieser Wörter – die technisch-physikalische und die ethisch-moralische – gleich alt und gleich gewichtig sind.

Ursprung von *Maß* und *messen*, und auch von vielen anderen Wörtern, sind zwei Wortwurzeln in Indogermanischen und deren Ableitungen: 1) *mē-*, *m-e-t* (messen, abmessen), wovon *mē-no-* (Maß), *mē-ti-* (Maß und Klugheit) und *mē-to-* (Jahr) entstehen; 2) *med-* (messen, ermessen) wovon *mēdos-* (Ermessen) und *měd-* (Heilkundiger) entstehen. Es ist normal, dass so wichtige Wörter auf fast alle Sprachen der Welt einen beachtlichen Einfluss hatten.

Diese Wörter erzeugten in Griechisch, unter anderem, das bekannte Wort *metron* (Maß, gemessene Menge, Limit und auch „richtiges Maß" – im moralischen Sinn). Davon kommt auch der Meter (Maßeinheit) mit allen weiteren Komposite, wie Kilometer, Millimeter, Perimeter,

Geometrie, Symmetrie usw. Aus derselben Familie von *metron* sind auch Wörter, die menschliche Charaktere bezeichnen, z.b. *metriachos* (gemäßigt, maßvoll sein).

Teils direkt vom Indogermanischen, teils über Griechisch oder Sanskrit (*mātih* bedeutet Maß und genaue Kenntnis) übernimmt die lateinische Sprache diese Wörter und entwickelt daraus eine Menge von Begriffen u.a.: *mētior / mētīri* (messen in physischen und moralischen Sinn), *mēnsūra* (Maß) und *immēnsus* (immens, ohne Maß). Von der Wortwurzel *med-* (messen, ermessen, heilen) und dem griechischen *mēdomai* (ich meditiere, sorge für…) entsteht in Lateinisch *medeor* (heilen, pflegen) und weiter *medicus* (Arzt), *medicina* (Medizin) usw.

Die germanischen Sprachen übernehmen griechische und lateinische Begriffe, wie *metron*, *immēnsus* oder *medicus / medicina*, aber verarbeiten auch selbstständig die indogermanischen Wurzeln. Hier einige Werdegänge: Von *mē-* wird in Gotisch *mēla* (Scheffel) und *mēl* (Zeit), in Althochdeutsch *māl* (Zeitpunkt, Mahlzeit) und in Neuhochdeutsch *mal* (Mahl). Von *med-* und seinen Ableitungen wird in Gotisch *mōta* (Zoll), in Althochdeutsch *mūta* und in Neuhochdeutsch *Maut*. Aber die wichtigsten Direktverarbeitungen aus dem Indogermanischen sind: Aus *med-* und seinen Ableitungen wird in Gotisch *mitan* (messen) und in Althochdeutsch *mez* (Maß, Trinkgefäß); und auch in Gotisch *mitōn*, in Althochdeutsch *mezzōn* – beide „ermessen und bedenken". Schließlich wurde in Gotisch *m-e-t* zu *us-mēt* (Lebensführung), in Althochdeutsch zu *māza / māzi* (Maß, Angemessenheit, „Art und Weise") und in Mittelhochdeutsch zu *māz* (Maß, „Art und Weise").

Die ethisch-moralische Bedeutung der Wörter *Maß* und *messen* ist in keiner Sprache zu übersehen. In Deutsch umso weniger!

Für jeden Techniker auf dieser Welt ist *Maß* und *messen*, im physikalischen Sinn, eine Selbstverständlichkeit. Leider sind die gleichen Wörter im ethisch-moralischen Sinn für viele Menschen „Fremdwörter", oder Wörter, die aus der Mottenkiste kommen. Warum werden diese wunderbaren Wörter – seine Taten und Reaktionen *messen*, *Maß*-halten, *gemäßigt* sein und Verhältnis-*mäßig*-keit (die letzte auch im Grundgesetz verankert!) – nicht von allen angenommen und wie eine Selbstverständlichkeit praktiziert?

Bis auf wenige, sehr wenige Ausnahmen haben alle Denker zur Mäßigkeit gemahnt. Von Konfuzius – *Eine größere Gabe als die Fä-*

higkeit zum Maßhalten kann der Himmel keinem schenken – über Sokrates, Platon oder Aristoteles mit seinem Ansporn „nicht zu viel und nicht zu wenig", bis in unsere Zeit. Wir, in Deutschland, sollten Ludwig Ehrhards Mahnung, die vielleicht die besten Zeiten unseres Land begleitet hat, nie vergessen: *Maßhalten*!

Cicero brachte auf den Punkt: *Mäßigung ist die gesicherte und geregelte Herrschaft der Vernunft über die Leidenschaft und über andere, von der richtigen Bahn abweichende Gemütsbewegungen; ihre Teile sind: Selbstbeherrschung, Milde, Bescheidenheit.* Wie schön! Wie schön wär's...

Thomas Brandsdörfer

Tugend, Tüchtigkeit, taugen, gut

Über *Tugend* / *Tugenden* zu schreiben scheint heute unangebracht zu sein. Es mutet altmodisch an, es ist alles andere als *cool*. Verständlich! Besonders in Deutschland erinnert das Wort *Tugend* fatal an die berühmten „Preußische Tugenden", die von einer vielleicht viel zu starren und strengen Erziehungspraxis durchgesetzt worden sind. Dabei wird oft übersehen, dass die damals so unbekömmlich in die Köpfe der jüngeren Generationen eingeprägten *Tugenden*, zweifelsohne Nützlichkeit hatten. Es ist doch Tatsache: Dem in den letzten 50 Jahren richtig emanzipierten, „befreiten" und von antiautoritärer Erziehung wohl verwöhnten zeitgenössischen Geist verursacht das Wort *Tugend* Allergie.

Sollen wir deswegen dem Begriff *Tugend* endgültig *adieu* sagen? Nein – in keinem Fall! Denn *Tugend*, bzw. *Tugend*-lehre, ist das Objekt der philosophischen Disziplin namens Ethik, die eigentlich Sittenlehre bedeutet, und ihre Zentralfrage ist „Was sollen wir tun (und was lassen)". Es ist sicher: Eine totale Entbindung der menschlichen Taten von jeglicher Regel und Norm, die die Ethik bzw. die Sittenlehre und *Tugend*-lehre fest gemacht hat, wäre für die Zivilisation eine Katastrophe. Ohne jegliche von der Mehrheit des Volkes innerlich empfundene und angenommene und ggf. auch von dem Staat mit Klarheit durch Gesetz festgelegten Sitten ist die Zivilisation so gut wie unmöglich. Alles wäre frei, inklusive des Mordes!

Die *Tugenden* sind eigentlich Charaktereigenschaften. Bewegen sie den Menschen, die mehrheitlich empfundenen und angenommenen (guten) Sitten durch seine Taten zu respektieren und denen Rechnung zu tragen, so sind sie, was man unter diesem Wort versteht: „gute" *Tugenden*. Denn eine *Tugend* (z.B. Mut, Pünktlichkeit, Ausdauer, Disziplin usw.) kann auch „im Negativen" angewandt werden (solche Eigenschaften brauchen auch einige Verbrecher!). Lässt das Interesse einer Gesellschaft für die *Tugenden* nach, ist auch das Interesse für die Ethik bzw. Sittenlehre gemindert. Die beiden gehen immer Hand in Hand. Das scheint jetzt der Fall in unserer Gesellschaft: Ethik und *Tugend* sind kaum ein Thema. Spätestens nach der weltweiten Finanzkrise könnten wir es glauben! Auf jeden Fall: seitdem spricht man vermehrt über Ethik. Aber über *Tugenden*, die der Respektierung und Erfüllung der ethischen Prinzipien dienen? Ich versuche ein paar Wörter darüber zu sagen:

In 2.500 Jahren europäische Zivilisation haben fast alle Philosophen Gedanken über *Tugenden* formuliert. Es entstanden zahlreiche Interpretationen und sogar Tugendkataloge, die strikt respektiert werden wollten. Nach Hegels Theorie über Tugenden wird von dem normativen und zwingenden Charakter der Tugendkataloge Schritt für Schritt Abstand genommen. In unserer Zeit herrscht keine Einigkeit, welche die erwünschten Tugenden seien. Jedoch, ohne die unbedingt zu nennen, ist die Tendenz, die Tugenden als dienlich für die Sozialisation des Menschen zu verstehen. Einfacher gesagt: tugendhaft sind die Aktionen, in welchen der Mensch auch auf sein soziales Umfeld Rücksicht nimmt – eine wohl dosierte Mischung von persönlichen und allgemeinen Interessen. Erstaunlich: Das Wort *Tugend*, eine ausschließlich germanische Kreation, entspricht genau dieser modernen Auffassung. Es ist mit den Begriffen *Tüchtigkeit*, *taugen* und auch *gut* sinnlich und förmlich verbunden. Hier die Werdegänge und, besonders in Gotisch und Althochdeutsch, die Verbindungen dieser Begriffe:

Tugend: Indogermanisch *dheugh* (melken, reichlich spenden) – keine Sinnverbindung! Germanisch *dugunthi* (Tugend). Gotisch *god-ei*. Althochdeutsch *deganheit*, *tugid*, *tugund* und auch *guota*, *guoti*, *guottāt*.

Tüchtigkeit: Indogermanisch *dheugh* (melken, reichlich spenden) – keine Sinnverbindung, aber selber Ursprung wie Tugend! Gotisch *god-ei* – wie Tugend! – *sel-ei* oder *doug*. Althochdeutsch *tugund* – wie Tugend! – *toug* (es taugt, nützlich), *tugid*, *tugidheit*, *tuht*. Mittelhochdeutsch *tühtec*. *Tüchtig* (Adj.): Althochdeutsch *tugidhaft*, *tugidig* und *guot* – ähnlich wie Tugend!

Taugen: Germanisch *doug*. Gotisch *doug* und *dug-an*. Althochdeutsch *tugan*. Mittelhochdeutsch *tagen*, *tügen* – deutliche Ähnlichkeiten zu Tugend, Tüchtigkeit und tüchtig! *Tauglich*: Gotisch *sel-s* – ähnlich wie Tüchtigkeit!

Gut (Adj.): Indogermanisch *sel-*, *slā* – selbe Wurzel wie *sel-ei* in Gotisch für Tüchtigkeit! Germanisch *gōda* (trefflich, gut) – ähnlich wie gotischen *god-ei* für Tugend! – und auch *guot* – identisch zu Tugend in Althochdeutsch! Gotisch *sel-s* – wie Taugen und sehr ähnlich wie

Tüchtigkeit – und auch *gods*, ähnlich wie *god-ei* als Tugend und als Tüchtigkeit in derselben Sprache!

Aus diesen engen Sinnzusammenhängen lässt sich eine logische Kette leicht ablesen: Wer gute *Tugenden* hat, ist *tüchtig*, und damit auch *tauglich*, etwas *Gutes* zu tun. Hier steckt ein Prinzip, mit Sicherheit ewig gültig, und nicht eine zwingende Norm, wie die Tugendkataloge von einst. Offen bleibt, was unter „*Gutes*" zu verstehen ist. Das zu definieren ist die Aufgabe jeder Gesellschaft im einzeln. Jede Gesellschaft muss ihre Ethik, sprich ihr Ethos, ihre festgelegten Sitten im Bewusstsein haben und ihnen folgen.

Indem die deutsche Sprache die Begriffe *Tugend, Tüchtigkeit, taugen* und *gut* einander so nah gebracht hat, erbrachte sie eine beispielhafte Leistung. Denn in dieser Weise bekommt das Wort *Tugend* Klarheit, Gewicht und philosophische Tiefe; meines Erachtens viel mehr als sein lateinischer „Bruder" *virtūs-, virtutis*, das einfach an Männlichkeit (*vir, viri*, wovon auch u.a. das Wort Virilität kommt!) andockt.

Ob wir wollen, oder nicht: *Tugenden* braucht man, um für die Gesellschaft *tauglich* zu sein! Sonst bleibt man asozial.

Thomas Brandsdörfer

Text, Technik, weben, Docht und Kunst

Was könnten die Wörter *Text, Technik, weben, Docht* und *Kunst* gemeinsam haben? Alle haben, mindestens unterschwellig, denselben Sinn. Und, erstaunlicher Weise, außer dem deutschen „*weben*", haben diese Wörter einen gemeinsamen Ursprung: die indogermanische Wortwurzel *tek-*.

Zur Klärung: die indogermanischen Volksstämme waren zwischen dem Süden des Urals und dem Norden des Schwarzen Meeres angesiedelt. Vor ca. 8.000 Jahren v.Chr. begannen sie eine Dauereinwanderung nach Westeuropa und, in entgegengesetzter Richtung, über Persien und Pakistan, nach Indien (deswegen werden sie indogermanische oder indoeuropäische Völker genannt). Dieser Prozess dauerte bis zum Anfang des letzten Jahrtausends v.Chr. Deren Sprache – endgültig verloren, aber mühsam rekonstruiert von den Wissenschaftlern – gilt als „Urmutter" sowohl der meisten europäischen Sprachen, als auch des Altindischen und des berühmten Sanskrit.

tek- bedeutet in Indogermanisch weben / flechten. Varianten von *tek-* bezeichnen „das Holz des geflochtenen Hauses zusammenfügen", zimmern und Zimmermann. Diese Wortwurzel macht weltweit eine beachtliche „Karriere":

Die Griechen übernahmen das *tek-* und mit Feinfühligkeit bildeten sie davon das Wort *téchnē* mit den Bedeutungen: Handwerk, „das Können, die Fähigkeit des Handwerkers" und auch *Kunst*(!). Parallel zu *téchnē* entstand in Griechisch auch das Wort *téchtōn*, das „Zimmermann" bedeutet. Von *téchtōn* entstand z.B. auch *architéchtōn* (*archi-* bezeichnete die Position eines Vorgesetzten, Aufsicht habenden) und weiter das Wort Architekt/Architektur. Aber spektakulärer ist, dass auf Basis von *téchnē* das Wort *technikē* (Technik!) entstand, und auch, in derselben Familie, die Wörter *technikos* (Techniker, technisch und „mit Können, nach der Regel der Kunst gemacht"), *technēeis* (mit Kunst gemacht), um nur ein paar Beispiele zu erwähnen.

Nicht weniger inspiriert war die lateinische Sprache: aus *tek-* ist *texō* geworden. Die erste Bedeutung ist weben, aber auch „eine Aktion, wo Materialien zusammengefügt werden". Diese Sinnerweiterung ermöglichte die Entstehung einer Fülle von Wörtern. Wenn *textrinum*

(Baustelle) noch dicht an dem alten *tek-* ist, von *textus*, diesmal als Gewebe (Textil) und als Text (gesprochen oder geschrieben!) verstanden, bildeten sich Wörter, die sich relativ verselbstständigten und Modell für aktuelle Begriffe wie Kontext, Prätext (Vorwand) Subtext etc. etc. gewesen sind. Dazu wurde in Mittellateinisch vom griechischen *technikos* das Wort *technica* gebildet.

Was übernahmen die germanischen Sprachen, bzw. später die deutsche Sprache, von dem alten indogermanischen *tek-* und von dem wahren Thesaurus an Bedeutungen, den die Griechen und die Römer daraus entwickelt haben? Zuerst nicht viel! Direkt übernommen wurde *tek-* in Althochdeutsch, woraus er *tāht* (Docht, Schnur) geworden ist. Danach, selbstverständlich, nahm dieses Wort die aktuelle Bedeutung und Form an: *Docht*.

Die alten deutschen Sprachen mussten wahrscheinlich zuerst reifen und einen vermehrten Bedarf an Nuancen gespürt haben, bevor sie Nachkommen von dem indogermanischen *tek-* aufnehmen wollten und konnten. Kurz vor dem 14. Jahrhundert, haben sich die „Vorfahren" der deutschen Sprache vom Lateinischen das Wort *texō* mit allen seinen Bedeutungen und Ableitungen zu eigenen gemacht. Noch später, im 18. Jahrhundert, ungefähr gleichzeitig mit der französischen Sprache, wurde das griechische Wort *téchnē* ins Deutsche aufgenommen. Für „*weben*" haben schon früher die germanischen Sprachen das indogermanische *webh* übernommen, das in Germanisch *weba* und danach, in Althochdeutsch, *weban* geworden war.

Ich glaube, die späte Übernahme hat sich gelohnt – die Begriffe waren von den Griechen und Römern schon vertieft und sehr nuanciert! Besonders der unverkennbare Akzent auf Qualität, auf die „Kunst" und „die Fähigkeit des Handwerkers", den die Griechen auf *téchnē* setzten, ist im Falle deutscher Sprache und deutschen Arbeitsethik auf fruchtbaren Boden gefallen. Was die Griechen, in der Bewunderung für das Handwerk, damals gespürt haben, hat sich in einer der schönsten deutschen Tugenden bestätigt und entfaltet. Es ist bekannt: Die Deutschen genießen den Ruf, exzellente Techniker zu sein. Es scheint, dass die Deutschen das Wort Technik „griechisch" verstehen!

Die Übernahme des lateinischen *texō* und *textus*, samt der Sinnerweiterung „eine Aktion, wo Materialien zusammengefügt werden", leitet die Gedanken in Richtung einer modernen philosophischen Interpretation. Nach dem Modell eines Textes oder eines Textiles (sprich Gewebe), sind die menschlichen Gemeinden, aber auch die komplizierteren Maschinen, nichts anderes als ein Korpus, gebildet von zusammengeflochtenen Elementen. Wie in einem Text fügen sich die Bedeutungen und Funktionalitäten jedes einzelnen Elements (sprich Wort, Mensch usw.) zusammen und erzeugen so die Hauptbedeutung und Funktionalität des gesamten neuen Wesens. Dann ist es nur ein kleiner Schritt bis zur Idee des Zusammenhaltens einer Gesellschaft. Nur in dieser Denkperspektive kann das „wir Gefühl" entstehen! Solche Vereinheitlichung schließt nicht die Persönlichkeiten jedes einzelnen aus – sie vereint sie!

Auch das bringt uns das uralte indogermanische *tek-* und seine beispielhaften griechisch-römischen Nuancierungen bei!

Thomas Brandsdörfer

Leid, leiden, Leidenschaft

Der Werdegang der Wörter *Leid* und *leiden* ist meiner Meinung nach ein glänzender Beweis für die Kraft, selbstständig zu nuancieren und zu synthetisieren, die die deutsche Sprache und ihre Vorfahren hat, bzw. hatten.

Mag es auch verwunderlich sein: ursprünglich haben *Leid* (als Substantiv) und *leiden* (als Verb) bedeutungsmässig nichts miteinander zu tun.

In Indogermanisch – die „Urmutter" fast aller europäischen (und nicht nur europäischen!) Sprachen – gab es das Wort *leit-* (als Verb), das verabscheuen, freveln (sündigen) bedeutete. Das Wort *leit-*, das in Germanisch *laitha-* (betrüblich, widerwärtig) und in Gotisch wahrscheinlich zu *sleithja* (schädlich, schlimm) geworden ist, wurde danach in Althochdeutsch zu *leid* und in Neuhochdeutsch substantiviert: *Leid*. Hier sollte erwähnt werden, dass das fränkische Wort *laith*, mit dem gleichen indogermanischen Ursprung *leit-* und mit selber Bedeutung wie das Althochdeutsch *leid*, im Französischen das Wort *laid* (hässlich, unschön, abstoßend, furchtbar) generiert hat.

Die andere Bedeutung des indogermanischen *leit-*, diesmal als *leit(h)*, ist fortgehen, sterben, gehen. Aus dieser Wortwurzel wird in Germanisch *leitha*, in Gotisch *leithan* (beide bedeuten weggehen) und in Althochdeutsch *līdan* mit der Bedeutung u.a. weggehen, gehen, verderben, aber auch – neu! – erleben, erfahren. Schließlich wird dieses Wort in Neuhochdeutsch zu dem uns bekannten Verb *leiden*.

Es ist nicht zu übersehen: Die Ur- und Hauptbedeutung des Wortes *Leid* ist „etwas scheußlich" – und so ist es auch geblieben. Die Ur- und Hauptbedeutung von *leiden* ist „weggehen", aber auch im Sinne von sterben (weggehen aus diesem Leben / verderben). Die Sprachwissenschaftler haben sich nicht endgültig geeinigt, wie sich die ursprüngliche Bedeutung von *leiden*, von „weggehen" zu der aktuellen Bedeutung als Verb zu dem Substantiv *Leid* gewandelt hat. Es wird vom Einfluss des Wortes erleiden oder von möglichen diversen Einflüssen (z.B. Tocharisch) gesprochen. Das mag alles wahrscheinlich oder sogar richtig sein.

Ich meine, dass die Annäherung zwischen *Leid* und *leiden* von logischen und psychologischen Umständen mindestens unterstützt worden ist. Was ist natürlicher als wegzugehen, oder weggehen zu wollen – siehe die alten *leit(h)* / *leithan* / *līdan* – von etwas, das abscheulich ist – siehe die alten *leit-* / *laitha-* / *sleithja* und *Leid*? Oder: Ist etwa nicht sterben, weggehen aus diesem Leben, verderben (alle Urbedeutungen von *leiden*) scheußlich (Urbedeutung vom *Leid*)? Unmissverständlich existiert eine gewisse (psycho-)logische Einheit zwischen diesen ursprünglich unterschiedlichen Bedeutungen. Es ist der Verdienst der deutschen Sprache, alle diese Nuancen mit Feinfühligkeit „unter einen Hut" gebracht zu haben. Berechtigterweise ist *leiden* das Verb für *Leid* (und ebenso berechtigt schreibt man neuerdings „Es tut mir Leid" mit großem „L").

Die neuhochdeutsche Sprache bereichert noch einmal die Bedeutungen von *Leid* und *leiden*. Inspiriert von einem anderen indogermanischen Wort für *Leid* (*pemn* bedeutet Leid und Krankheit) weist die deutsche Sprache dem Wort *Leid* auch die Bedeutung „Krankheit" zu. Noch mehr: Ausgehend von dem indogermanischen Wort *kvent-* (leiden und dulden) nennt das Althochdeutsche „*leiden*" auch *kwelan* oder *dulten*. In Neuhochdeutsch ist nur die Nuance aufgenommen, dass jemand, der leidet, eine passive Stellung hat; d.h. *Leid* (Kummer, seelischer Schmerz) kommt auf jemanden zu und der erleidet, erduldet es, sprich: *leidet*. Somit ist die alte Bedeutung des *leiden* (weggehen) weitgehend durch das Gegenteil ersetzt.

Ein kurzer Vergleich mit der Situation dieser Wörter und Bedeutungen in Altgriechisch – die älteste, sehr kultivierte und nuancierte Sprache Europas – zeigt, dass die deutsche Sprachfamilie, zu mindest im Falle *Leid* und *leiden*, in keiner Weise eine niedrigere Stellung hat. Alle Nuancen und Bedeutungen des deutschen *Leid* und *leiden* haben auch die Griechen gehabt auch wenn sie über andere Wege dazu gekommen sind. Das Wort *paschō* – unklarer Ursprung! – bedeutet, einen Eindruck zu bekommen, etwas zu erdulden, bestraft zu sein. Davon kommt *penthēma* (Trauer) und *penthos* (seelischer Schmerz). Auch das Wort *pathos* gehört dazu. Ins Deutsche wird *pathos* durch *Leid*, *Leidenschaft* und Krankheit übersetzt. Wir bemerken: Auch im Griechischen ist die Nuance der Passivität (dulden/erdulden) ständig vorhanden. Nur die von uns bekannte Bedeutung des Wortes *Leidenschaft* wurde – über das französische *passion* und das lateinische *pasio* – von dem griechischen *pathos* übernommen; der Rest der Bedeutungen ist unmittelbar vom Indogermanischen verarbeitet worden.

Viele europäische Sprachen haben *pathos* direkt vom Griechischen, aber unvollkommen übernommen: ganz einfach im Sinne Leidenschaft und nur in der fach-medizinischen Sprache als *Leiden* (Krankheit), siehe *Patho*-logie/*patho*-logisch. Wie man oben erkennt, hat die deutsche Sprache eigenständig, die indogermanischen Quellen respektierend, eine Fülle von Bedeutungen und Nuancen erarbeitet – nicht weniger als die griechische Sprache auf ihren Wegen und viel mehr als andere.

Thomas Brandsdörfer

Lektion, Selektion, Intelligenz

In einem bekannten und, wegen Missverstehens oder Gedankenstarrheit einiger Leser, leider umstrittenen Text, schreibt der Philosoph Peter Sloterdijk: *Lektionen und Selektionen haben miteinander mehr zu tun als irgendein Kulturhistoriker zu bedenken willens und fähig war, und wenn es uns bis auf weiteres auch unmöglich scheint, den Zusammenhang zwischen Lesen und Auslesen hinreichend präzise zu rekonstruieren, so ist es doch mehr als eine unverbindliche Ahnung, daß dieser Zusammenhang als solcher seine Realität besitzt.*

Sloterdijks Intuition war vollkommen zutreffend: *Lektion*, die ohne lesen kaum erlernbar ist, und *Selektion* (Auslese) sind eng verwandt. Sie gehören zu einer großen Wörterfamilie, über 60 Begriffe, zu der auch das Wort *Intelligenz* zählt – um nur eines, das sinngemäß am nächsten ist, zu nennen.

Der enge Zusammenhang dieser Wörter ist zuerst deren gemeinsamer Ursprung, aber es gibt auch einen logischen, pädagogischen und sozial-politischen.

Startpunkt des Werdegangs dieser Begriffe ist die indogermanische Wortwurzel *leg-* (zusammenlesen, sammeln). Das Indogermanische verbreitete sich in Europa zwischen ca. 8.000 und 1.000 Jahren vor Christus und beeinflusste entscheidend die Sprachevolution auf unserem Kontinent.

Die Griechen haben das indogermanische *leg-* übernommen und aus dem Stamm *lego-* (sammeln, pflücken und – sehr interessant! – wählen) eine Menge von neuen Wörtern und Bedeutungen erzeugt. Davon ist das berühmte *logo-*, *logos* (u.a. Wörter, Rede/Bericht, Vernunft, Erklärung/Erläuterung) zu erwähnen. Es ist fast überflüssig zu bemerken: *logos* ist „Pate" für die uns bekannte „Logik" und alle Ableitungen, von Geo*logie* bis Psycho*logie*.

Weiter, die lateinische Sprache war in der Sache *leg-* / *lego-* am kreativsten. Getreu vom Griechischen übernommen, bedeutet das lateinische *legō*, fast wie im Indogermanischen und Griechischen, sammeln, pflücken und auch lesen (ist lesen nicht eine Aktion, in der man Buchstaben und Wörter zusammensammelt?). Erst jetzt beginnt ein wahres Feuerwerk der Begriffe und Bedeutungen – wie oben gesagt: über 60!

Wir erinnern an ein paar davon: von *col-lĭgo* (zusammensammeln) entsteht *col-lectio* (Kollektion/Sammlung), *col-lectivus* (kollektiv / gemeinschaftlich) usw.; von *ē-lĭgo* (sortieren/auslesen) entsteht *ēlectio* (Wahl, auch in der Politik) und aus *ē-lĕgans* (ausgewählt/elegant) entsteht *ēlĕgantia* (Eleganz). Aber uns interessieren in erster Reihe folgende Wortbildungen aus *lego*: *sē-lĭgo* (sortieren/auslesen) erzeugt *sēlectio*, zu Deutsch *Selektion*. Das Wort *intel-lĭgo* (pflücken/sammeln in seinem Geist, verstehen) erzeugt die Begriffe *intellĭgentia* und *intellectus*, zu Deutsch *Intelligenz* und Intellekt. Schließlich von *lego* entsteht auch *lēctiō*, zu Deutsch u.a. Auswahl, Lektüre (ausgewählte Lektüre!) Studium, das Vorlesen – bald mit der heute bekannten Bedeutung als *Lektion*.

Der Stammbaum von *Lektion*, *Selektion* und *Intelligenz* demonstriert den etymologischen Zusammenhang der Begriffe und leitet zugleich zu deren logischen, pädagogischen und sozial-politischen Verbindungen hin:

Eine *Lektion* ist eigentlich ein Lernabschnitt, also eine zu lernende *Auswahl* von einem größeren Lernstoff. Dabei muss man in der Regel auch *lesen*. Ohne ein gewisses Niveau von *Intelligenz*, um das Wichtige von weniger Wichtigem *selektieren* zu können und die Zusammenhänge zu *verstehen*, kann das Lernen kaum stattfinden – nach dem Motto: Es ist besser wenig zu lesen und viel zu verstehen, als viel zu lesen und wenig zu verstehen. Eindeutig: *Lektion* ist *Selektion*. Es geht aber weiter: Derjenige, der viele *Lektionen* gründlich gelernt hat, besitzt Wissen. Da das Wissen unentbehrlich für die Gesellschaft ist, wird derjenige, der dies hat, *ausgewählt* – nach dem Motto der Aufklärung: „Wissen ist Macht". Eindeutig: Gelernte *Lektionen* sind auch Bedingung für eine (gesellschaftliche)*Selektion*. (kursiv geschrieben: alle Bedeutungen von *lego*!)

Obwohl in der Praxis heutzutage Wissen leider nicht immer zum Ausgewählt-sein („Macht") führt – oder gerade deswegen? – kann man nicht genug, besonders jüngeren Generationen, diese Zusammenhänge beibringen, ja, einprägen! Denn trotzdem hängt vom Wissen die Zukunft jedes einzelnen, aber auch die, der ganzen Gesellschaft ab. Aus diesem Grund sind die Zusammenhänge von *Lektion*, *Selektion* und *Intelligenz* nicht nur logisch untermauerte Etymologie mit pädagogischer Bedeutung, sondern wohl auch ein sozial-politisches Thema von höchster Priorität und Brisanz.

Thomas Brandsdörfer

Wirkung, Werk, Wirklichkeit, Realität, Wahrheit

Zur Bezeichnung einer Tatsache werden in der Umgangssprache die Wörter *Wirklichkeit*, *Realität* und auch *Wahrheit* benutzt – egal welches. Aber genauer betrachtet, weisen die drei Wörter beachtliche Unterschiede auf.

Die Wörter *Wirklichkeit* und *wirklich* sind etwa vor dem 13. Jahrhundert von den früheren Formen der Wörter *wirken* und *Werk* gebildet. Die ursprüngliche Bedeutung von *wirklich* ist „Im Wirken, durch Handeln geschehend". Alle gehören zu derselben Familie. Diese stammt direkt von dem Indogermanischen *uerg-*, das „wirken, tun" und als *uergom* „Werk" bedeutete. *Wirken* und *Werk* entwickeln sich parallel. Wirken: In Germanisch wird *uerg-* zu *wurkija-* (machen, herstellen), in Gotisch zu *waurkjan* (wirken, tun, machen) in Althochdeutsch zu *wurken / wirkan / wirchen* und in Neuhochdeutsch zu dem bekannten *wirken*. Werk: *uergom* wird in Gotisch *waurstw* (Werk), in Althochdeutsch *werk / werach* und schließlich in Neuhochdeutsch *Werk*.

Der Werdegang dieser Wörter sagt eindeutig: Die *Wirklichkeit* ist ein *Werk*. Wessen Werk? Klar: das *Werk* der *Wirkung*! Aber *Wirkung* ohne Ursache ist undenkbar. Also die *Wirklichkeit* kann nur das *Werk* der Kette Ursache-*Wirkung* sein. Ob Gebirge, Meere, Erdbeben, Blitze oder, meines Erachtens, auch Kriege, Unfälle, Eifersucht, Traurigkeit, Glücksgefühle usw.– also alles was es tatsächlich gibt! – sind immer Phänomene oder Zustände die die *Wirkungen* einer zuvor agierenden Ursache darstellen. Indem die deutsche Sprache die Tatsachen durch das Wort *Wirklichkeit* bezeichnet, bestätigt sie ein unumstrittenes und fundamentales Gesetz der Naturwissenschaft: das Prinzip Ursache-*Wirkung*. Die sinngemäße Annäherung dieser drei Wörter – *Wirkung*, *Werk* und *Wirklichkeit* – ist eine brillante Leistung der deutschen Sprache und des deutschen Geistes. Bezogen nur auf die Welt der Materie, in der die Kette Ursache-*Wirkung* am deutlichsten zu sehen ist, sagt der Philosoph Arthur Schopenhauer zu Recht: *Ursach und Wirkung ist also das ganze Wesen der Materie: ihr Seyn ist ihr Wirken. Höchst treffend ist daher im Deutschen der Inbegriff alles Materiellen* Wirklichkeit *genannt, welches Wort viel bezeichnender ist, als Realität.*

45

Zur Bezeichnung einer Tatsache kann natürlich auch das Wort *Realität* benutzt werden. Dieses Wort stammt von dem lateinischen *realis*, das eine Ableitung von *rēs* (Sache, Wesen, Objekt) ist. Die logische Berechtigung, *Realität* statt *Wirklichkeit* zu benutzen, ist zwar vorhanden, aber restriktiv: eher nur bei der Bezeichnung der materiellen Tatsachen (*rēs* bedeutet Objekt!). Warum „*Realität*" benutzen, während wir in Deutsch das Privileg genießen können, das klare, umfangreich bezeichnendes Wort *Wirklichkeit* zur Verfügung zu haben? Um aber z.b. Träume oder Fantasien von der tatsächlichen *Wirklichkeit* zu unterscheiden, scheint doch das Wort *Realität*, auch in Deutsch, tauglich zu sein.

Zur Bezeichnung einer Tatsache wird in der Umgangssprache leider auch das Wort *Wahrheit* gelegentlich angewendet. Zu Unrecht! *Wahrheit / wahr*(sein) bezeichnet hauptsächlich eine Übereinstimmung mit den Tatsachen, und weniger die Tatsachen selbst. Der Sinn von *Wahrheit / wahr*(sein) zielt vielmehr in Richtung Eigenschaften einer Tatsache oder einer Idee/Aussage/Behauptung usw. *Wahr* (Adjektiv/Eigenschaftswort) ist von der indogermanischen Wortwurzel *uēr-/uēro-s* (vertrauenswert, Treue, wahr und – sehr wichtig! – Zustimmung) gebildet. Darunter ist zu verstehen, dass etwas nur unter der Voraussetzung einer Zustimmung die Eigenschaft *wahr zu sein* besitzen kann. Selbstverständlich erfolgt die Zustimmung nach gewissen Kriterien, über welche, außer im Logikbereich, bis heute leider keine Einigkeit herrscht.

Die folkloristisch anmutende Bedeutungserweiterung, von *Wahrheit / wahr*(sein) als Eigenschaftswort zur *Wahrheit / wahr*(sein) als bezeichnendes Wort für Tatsächlichkeit bzw. *Realität* ist vielleicht dem Einfluss des lateinischen Wortes *vērus* (wahr, echt) zu verdanken. Wie das deutsche *wahr*, stammt *vērus* auch vom indogermanischen *uēr-/uēro-s*. Die Ableitung *vēritās* bedeutet *Wahrheit* (mit der richtigen Bedeutung – bezogen auf eine Eigenschaft), aber auch *Realität* als Bezeichnung der Tatsächlichkeit (wie Wirklichkeit), und dazu: Naturtreue, Unparteilichkeit, Aufrichtigkeit, Offenheit, Ehrlichkeit und Wahrheit als Gegensatz von Lüge. Eine Fülle von Nebenbedeutungen, die auch in Deutsch abzulesen sind. Was für ein Unterschied zu der Eindeutigkeit, Trefflichkeit und philosophisch-wissenschaftlicher Richtigkeit des Wortes *Wirklichkeit*!

Oft ist die Sprache klüger als der Sprecher – die Deutsche noch öfter!

Thomas Brandsdörfer

Licht, Luxus, Phänomen, Fotografie
(mit einem Exkurs in den Himmel)

Himmel und Erde – was für ein gewaltiger Unterschied! Man benutzt auch heute diese beiden Begriffe, um ein Maximum an Unterschied zwischen zwei Dingen zum Ausdruck zu bringen. Mit großer Wahrscheinlichkeit sind es nicht nur die so entgegengesetzten physikalischen Eigenschaften der beiden Elemente, die ihren Unterschied ausmachen; schon gar nicht die Entfernung zwischen ihnen, denn niemand hat eindeutig feststellen können, wo der Himmel anfängt und wo er aufhört. Vielmehr ist die Unzugänglichkeit, die Unerreichbarkeit des Himmels, im Gegensatz zu der Erde, der Grund, dass in menschlicher Wahrnehmung und Vorstellung Himmel und Erde so unterschiedlich sind. Für den Menschen war immer die Erde da-neben und sogar darunter (unter seinen Füßen!), während der Himmel immer da-oben und sogar da-rüber (über seinem Kopf! – sinnlich und bildlich!) war. Der Mensch hat seit Urzeiten die Erde be-nutzen, be-treten, ja, sogar bewältigen können – auch heute sagt man, man hätte diese oder jene Entfernung „bewältigt"! Das war nicht der Fall mit dem Himmel. Hinzu kommt die sehr frühe Erkenntnis, dass der Himmel *Licht* und Wärme liefert, ohne welche das Leben auf der Erde nicht möglich ist; also eine hoffnungslose Abhängigkeit des Menschen von dem Himmel! Nicht zu missachten auch die „Strafinstrumente" des Himmels wie Blitz, Donner, Hagel usw. Kein Wunder, dass der Himmel, diese ständig anwesende und doch unerreichbare Unbekannte, das Interesse des Menschen erregt hat. Gegenüber einem solchen Wesen konnte man nur unendlichen Respekt und Ehrfurcht empfinden.

Erreichbar ausschließlich mit den Gedanken, ist der Himmel bald eine Art „Projektionsfläche" aller menschlichen Fragen und zugleich Bühne geworden, wo die Antwortversuche sich entfalteten. Es entstanden die Kosmogonien – die ersten philosophischen Buchstaben der Menschheit. Der Himmel ist der erste Träger der Philosophie. Auch die Religionen fanden da ihr „Theater", denn wo könnten die unerreichbaren und unantastbaren Götter besser platziert werden, als im ebenso unerreichbaren Himmel. Auch wenn die Griechen ihrem Obergott Zeus nur auf einem Berg (Olympus) Heimat gegeben haben, heißt es auch

„da-oben" und „da-rüber" (über deren Köpfe – sinnlich und bildlich!) – ebenso wie der Himmel. Der Himmel ist der ewige Träger der Religionen. Nur dahin kann alles, was weder gegriffen noch begriffen, sondern nur geglaubt und gehofft werden kann, delegiert werden. Der Himmel als Reservoir für Hoffnungen und Glaube!

In dieser Perspektive bekommen die Begriffe „oben" und „unten" in der menschlichen Gedankensensibilität positive und negative Bedeutungen. Dies gilt auch heute: Einem, der es bis zum Vorstandvorsitzenden eines Konzern gebracht hat, wird man anerkennen, er wäre „hoch", „da-oben" – ein Stück näher dem Himmel, auf der kurzen irdischen Karriereleiter! Auch das frühzeitig verwaiste Kind wird man versuchen zu trösten, indem man ihm erzählt, Mama oder Papa wären glücklich „da-oben" im Himmel, und noch glücklicher, wenn es nicht so sehr traurig wäre. Der Himmel als Ort des Trostes! Im Gegenteil, über einen armen Menschen, der alles im Leben verloren hat und keinen Grund findet glücklich oder zufrieden zu sein, wird man sagen, er sei ganz nach „unten" gefallen. Schon seit der Antike betrachten zahlreiche Lehren das irdische Leben „hier-unten" als eine Art unbekömmlicher Prüfung, sogar als Strafe mit Aussicht auf die Belohnung nach dem Tod, „da-oben" im Himmel. Oben gut, unten weniger gut! Flug – Annäherung dem Himmel; Sturz – rasante Rückkehr zu Erde.

Die wichtigste Gabe des Himmels ist zweifellos das *Licht* bzw. die Wärme. Obwohl die Sonne, „da-oben" im Himmel extrem präsent in Glaube und Mythologie ist (z.B. in Ägypten), zeigt sie tagsüber die Gabe des Himmels, die eindeutig praktischer Natur ist, denn ohne sie wäre das Leben von Mensch, Tier und Pflanze unmöglich. Himmel als Lebensspender! In der Nacht aber schenkt der Himmel Dunkelheit „hier-unten"; vielleicht um Liebende mit Zärtlichkeit zu wiegen, deren gebotene und auch verbotene Spiele zu schützen; vielleicht auch, um die Verbrecher zu verstecken. Er schenkt auch *Licht* in voller Nacht, ein idealisiertes, ein symbolisches *Licht* – das der Sterne und des Mondes. Auch wenn für die Sterne bzw. das Sternenlicht eine durchaus praktische Funktion gefunden ist – sie dienten der Orientierung auf Meeren und Erde – behielten sie immer eine tiefgehende und sehr nuancierte Symbolik. Ganze Mythologien aber auch beachtlich viele Literaturseiten sind mit den Sternen verbunden. Sogar das Schicksal wird, bis in die heutigen Tage, oft „Stern" genannt. Was Mond- und Mondlichtsymbolik betrifft, könnte man sehr, sehr lange Texte schreiben. Mythologisch betrachtet ist der Mond, neben seinem Gegenpart, der Sonne, vielleicht die wichtigste und komplexeste Figur des „Himmelvolkes" – und das in beinahe allen Kulturen! Das Mondlicht war auch die Nahrung zahlreicher Kunstschöpfungen der romantisch-träumerisch gesinnten Schriftsteller, Maler, Komponisten usw. Eine ungeheuerliche Kraft übt der Mond „hier-unten" aus. Nicht nur, dass er Ebbe und Flut bestimmt und im großen Meere enorme Dellen macht: der Prinz der Nächte betört auch die Menschenseelen. Sein blasses, silbernes *Licht*, krank wirkend und Krankheit bewirkend, verknüpft die Träume mit Erregung, die Sehnsucht nach Schönem mit der Morbidität. Es dauert nicht zu lange und die Geisel in diesen kalten Krallen, voll trunken von Halluzination, erliegt dem süßen Wunsch, mit Herz und alle Gedanken, zu zerrinnen… Auch das ist Lichtgeschenk des Himmels!

Es ist vollkommen verständlich, dass der Name des Himmelshauptgeschenkes – das *Licht* – in allen Sprachen eine außergewöhnliche Verbreitungskraft und Fruchtbarkeit beweist. Durch die folgende Kurzetymologie des Wortes *Licht* möchte ich nicht nur die Schönheit der Geschichte dieses Wortes zeigen, sondern viel mehr: nämlich, dass die Menschen mindestens ebenso viel mit dem Begriff *Licht*, wie mit dem *Licht* selbst, anfangen konnten. Der Werdegang und die Derivate des Wortes *Licht* haben so wichtige und fundamentale Bedeutungen, dass man mit Recht verführt sein könnte zu behaupten: Die Geschichte dieses Wortes markiert Eckpunkte der Zivilisationsgeschichte.

Wie fast immer, fängt alles mit dem Indogermanischen an. (Die indogermanischen/indoeuropäischen Volksstämme waren zwischen dem Süden des Urals und dem Norden des Schwarzen Meeres und auch in der heutigen Ost Türkei angesiedelt. Zwischen 8.000 und 1.000 v. Chr. wanderten sie in zwei Hauptwellen in Europa und, in entgegengesetzter Richtung, über Iran und Pakistan, in Indien ein. Deren Sprache verdrängte in Indien die Drawidische und in Europa die Vaskonische Sprache. Vaskonisch ist die „Urmutter" des heutigen Baskischen. Das Indogermanische hatte auch im slawischen und arabischen Raum die Sprachen stark beeinflusst.)

Zwei indogermanische Wortwurzeln und deren Varianten sind für unser Thema ausschlaggebend: *leuk-* (1: leuchten, Licht; 2: sehen!) und *bhā-*, *bhō-* (glänzen, leuchten, scheinen; aber auch sprechen!).

I - Die Evolution von *leuk*-:
- Nach Osten (Indien): *leuk*- → *rúc* (Sanskrit und Altindisch: 1 Glanz, Licht; 2 Glanz im bildlichen Sinne: Ansehen, Wohlstand).
- Nach Westen (Europa):
  a) *leuk*- / *leuk*-os → λευκός – leykos – (Altgriechisch: Licht, glänzend, weiß).
  b) *leuk*- / *loukéiō* → *lūx*, *-cis* (Lateinisch: Licht). Daraus entstehen alle Wörter, die auf Basis von *lux* komponiert werden: *Luxus*, *luxuriös*, *Luzidität* (Helligkeit / hellsehen), ital. *luce*, aber auch Namen wie *Luzifer* oder *Lucia* usw.
  c) *leuk*- / *leuk-s-men* → *lūmen* (Lateinisch: Licht). Davon stammt auch das Wort *luna* (der Mond), das französische *lumière* (Licht), das rumänische *lumina* (Licht) und andere unzählige Wörter, in welchen dieser Stamm leicht zu identifizieren ist.
  d) *leuk*- / *leuk-ot* → *liuhath* (Gotisch: Licht).
  e) *leuk*- → *loug* (Althochdeutsch: Licht); *lieg* (Angelsächsisch: Licht); *leygr* (Altisländisch: Licht).
  f) *leuk*- → *leutha* (Germanisch: Licht, hell) → *lioht* (Altsächsisch: Licht, hell); *lio(t)ht* / *lehot* (Althochdeutsch: Licht, hell) → *lieht* (Mittelhochdeutsch: Licht, hell).→ schließlich das aktuelle neuhochdeutsches *Licht*.
- In Richtung slawische Sprachen: *leuk*- → *luk* (Thokarisch: leuchten, erleuchten) → *luča* (Altkirchenslawisch und Altbulgarisch: Strahl, Lichtstrahl) → *luč* (Russisch: Strahl). Der Name *Luka* reiht sich in derselben Familie ein.
- Das englische Wort *light*, das spanische *luz*, und das schwedische *ljus*, so auch viele andere, stammen auch von indoeuropäischen Formen wie *luk*- *leuk*- etc.

II - Verblüffend aber ist die Evolution der Wortwurzel *bhā-*, *bhō-*:
In Sanskrit und Altindisch wurde *bhā-* direkt übernommen und bedeutet Licht, Glanz. Als *bha* bedeutet es Gestirn, Stern. Weiter in denselben Sprachen: *bhāti* (leuchten, scheinen); *pra-bhā* (aufleuchten, er-

scheinen); *bhās* (glänze, leuchte, erleuchte); *bhan* (sowohl leuchten als auch sprechen!). Weitere Übernahmen:

- *bhā-* → *bā* (Awestisch: scheinen) und weiter in derselben Sprache *bānu / bāmya* (Licht, Strahl, glänzen).
- *bhā-* → *pam* (Thokarisch: klar).
- *bhā-* → *banam* (Armenisch: öffne, enthülle, zeigen, sichtbar werden lassen!)
- *bhā-* → *bōnian* (Angelsächsisch: polieren) → *bōnen* (Niederdeutsch: bohnern, scheuern) → *büenen* (Mittelhochdeutsch: bohnern) → schließlich das aktuelle *bohnern*.

Auf dem Weg nach Europa, besonders im griechischen Raum, *bh* verwandelt es sich in *ph* (siehe den Buchstaben φ; sprich *phi / f*). So beginnt „die philosophische Karriere" des indogermanischen Wortes für Licht:

bh(e)∂ (Indogermanisch: erleuchten, glänzen) → (*bh* wird *ph* bzw.φ) → φάε *-phae-* (homerisches Altgriechisch: glänzt, erscheint!) → φάνος *-phayos-* (Äolisch: Licht, Heil) → φως *-phos-* (Attisch: Licht, Heil). Die Genitivform von *phos* ist *photos*, wovon auch das aktuelle *Photographie / Fotografie* stammt, das in fast allen modernen Sprachen vorkommt!

Die Altgriechen haben alle wichtigen Bedeutungen dieser immensen und weltweit verbreiteten Wörterfamilie verstanden und die meisten davon in einem einzigen Wort synthetisiert. Aus dem homerischen φάε *-phae-* haben sie das Wort φαίνω *-p h a i n o-* kreiert (**1**-transitiv: zeigen, ans Licht bringen, bekannt machen und **2**-intransitiv: sichtbar werden, ins Licht kommen, sich zeigen, erscheinen). Von φαίνω stammt auch das Wort φαίνόμενον *-phainomenon-* (Altgriechisch: Phänomen), danach in alle Sprachen der Welt übernommen. In *phaino* und *phainomenon* klingen alle geistreichen Bedeutungen des Wortes *Licht*: die, in Sanskrit vorhandenen: scheinen, erscheinen, erleuchten und auch sprechen; die, in Thokarisch vorhanden: klar; und die, in armenischer Sprache: öffne, enthülle, zeigen, sichtbar werden lassen.

Es ist das unantastbare Verdienst der antiken griechischen Spiritualität – die Wiege der abendländischen Kultur! – von dem indogermanischen Stamm *bhā-* das Wort *p h a i n o m e n o n* zu bilden. Die Grundbedeutung dieses Wortes ist: z e i g e n , a n s L i c h t b r i n g e n , s i c h t b a r w e r d e n , e r s c h e i n e n . Was aber erscheint, was wird in einem *Phä-*

nomen sichtbar? Worüber „spricht" ein *Phänomen*? Die Antwort haben auch die alten Griechen, besonders Platon, gegeben: In Phänomenen werden die ewigen, unveränderbaren Prinzipien, die Ideen sichtbar, d.h. durch die Sinne wahrnehmbar. Die Prinzipien und Ideen wurden als Wortgegenpart zu *phainomenon, nooymenon* genannt (von *noos*: Gedankenkraft, Verständnis, Vernunft – die einzigen „Instrumente", die *nooymenon* erfassen können). Der Weg von der sinnlichen Wahrnehmung zu dem Verstehen der Welt – mit anderen Worten der Weg vom *phainomenon* zu *nooymenon*, oder vom Sinne zur Vernunft – entspricht dem Muster der menschlichen Erkenntnis und Entwicklung, ist die Grundregel aller Wissenschaften. Die Differenzierung zwischen *phainomenon* und *nooymenon* ist von allen Philosophen und Wissenschaftlern bis in unsere Tage übernommen worden, auch wenn hier und da ein wenig anders nuanciert. Dass die Griechen diesen edlen Weg der Menschheit in Verbindung mit dem *Licht* gebracht haben, ist ein Symbol von höchster Weisheit und Wert. Verstehen bringt mit sich *Licht*! *Licht* ist verstehen!

Das *Licht*, das größte Geschenk des Himmels, ist für den Menschen nicht nur eine Chance „hier-unten" leben zu können, sondern vom Menschen selbst in eine Chance umgewandelt, auch die Welt zu verstehen. Nicht umsonst wird das Wort *Licht* oft als gleichwertig mit Wissen und mit Wahrheit verstanden.

II – ERWEITERTE GEFLÜSTER

Thomas Brandsdörfer

Illusion, Konfusion

Das Wort *Illusion* hat schwerwiegende und denkwürdige Bedeutungen: trügerische Hoffnung, Selbsttäuschung, idealisierte, falsche Vorstellung von der Wirklichkeit. Natürlich durch dasselbe Wort ist auch „Täuschung von Raum und Tiefe in Bildern, Theater und Film" oder „Zauberkunststücke, die oft im Zirkus zu sehen sind" zu verstehen. Die letzteren, amüsanten, unterhaltsamen oder witzigen Bedeutungen ziehen wir nicht in Betracht. Die Herkunft des Wortes *Illusion* ist das lateinische *lūdus* (Spiel). Auch wenn am Anfang *lūdus* eine ernsthafte Angelegenheit bezeichnete – u.a. die religiösen „Spiele" zur Ehrung der Toten – hat man später unter diesem Wort eher etwas Lustiges verstanden: Posse treiben, spielen, täuschen. *Illūdere*, wovon *illūsio* kommt, bedeutet täuschen, betrügen, verspotten. Es ist zu merken, dass die „schwerwiegenden und denkwürdigen" Bedeutungen des heutigen Wortes *Illusion* im lateinischen *illūsio* kaum ablesbar sind.

Wie allgemein bekannt bedeutet *Konfusion* Verwirrung, Verworrenheit, etwas, das durcheinander gebracht ist – auch nicht gerade amüsant. Herkunft: das lateinische Wort *fundō* (schmelzen, zerstreuen), wovon *con-fundō* (ineinander-gießen/schmelzen, verwechseln) und *con-fūsiō* (Verwechslung, Konfusion) entstanden.

Neuere Erkenntnisse der Wissenschaft (Neuropsychologie) veranlassen zu der Annahme, dass die *Illusion* eng verbunden mit der *Konfusion* ist. Hier, sehr verkürzt, „der Mechanismus" dieses Zusammenhangs: Bevor man eine Entscheidung trifft (z.B. einen Kredit aufzunehmen, oder eine Serie von Kriegen anzufangen, um Herrscher über die ganze Welt zu werden – spielt keine Rolle welche!), wird mit Hilfe der Vernunft die Situation konkret und logisch analysiert. Dabei werden Aussichten, Vorteile, Nachteile, Risiken usw. aufgelistet. Alle diese Aspekte werden möglichst getreu der Wahrheit nach deren „Gewicht", sprich Wichtigkeit, bewertet. So entsteht eine Skala der Wichtigkeiten und Prioritäten, nach welcher die Entscheidung getroffen wird, oder nicht. Anatomisch und physiologisch ist bewiesen, dass in diesem Bewertungsprozess nicht nur die Vernunft am Werke ist, sondern, unter vielen anderen, auch emotionale Impulse, die unvermeidlich im Unterbewusstsein mitwirken. Diese markieren positiv oder negativ, entsprechend der persönlichen Neigungen oder Abneigungen, einige Aspekte der gegebenen Situation. Die Wichtigkeiten und Prioritäten, die die Vernunft ohne jeglichen Einfluss, nur gemäß der Wahrheit, festgelegt hätte, sind jetzt modifiziert. Die Entscheidung, die auf dieser Basis getroffen wird, ist, was das Gelingen betrifft, *illusorisch* –weil sie nicht mehr nur an der Wahrheit orientiert ist. Der Entscheidende ist Opfer einer *Illusion*. Die Quelle dieser *Illusion* ist eine *Konfusion*, eine Verwechslung der richtigen Prioritäten, die durch reine Vernunft festgelegt werden sollten, mit den Prioritäten, die unter dem Einfluss der emotionalen Impulse festgelegt worden sind. Die *Konfusion* erzeugt die *Illusion*.

Die Wahrheit finden, verstehen und respektieren, sind die bedeutsamsten menschlichen Tätigkeiten. Die Wahrheit kennen ist Grundbedingung und zugleich Treibkraft für den Fortschritt und die Zivilisation. Man kann sagen: Der Mensch ist der Wahrheit verpflichtet und – warum nicht? – er ist mit der Wahrheit auf ewig verlobt. Wenn der Mensch Opfer einer *Konfusion* oder gar einer davon entstandenen *Illusion* ist, scheidet er sich von seiner Verlobten – der Wahrheit. Früher oder später wird die törichte Untreue mit Sicherheit bezahlt. Denn die betrogene Verlobte-Wahrheit präsentiert dem, der inbrünstig an *Illusion* geglaubt hat, die Rechnung: die *Desillusion*. Dem Sich-täuschen folgt immer das Enttäuscht-sein! Die *Desillusion*-Rechnung ist oft sehr hoch: von Pleiten und kaputtgegangenem Privatleben bis hin zu Imperien die zusammenstürzen oder zerstörten Ländern. Ja, die Wahrheit ist eine anspruchsvolle Braut! Ihre Feinde sind, neben der Lüge, die *Konfusion* und die *Illusion*.

Das sind die schwerwiegenden und denkwürdigen Bedeutungen dieser Wörter. Die Griechen in der Antike haben die *Illusion* in diesem Sinne verstanden. Um das Phänomen *Illusion* zu bezeichnen, wendeten sie abgeleitete Wörter von *planáomai* (umherirren, sich von dem Weg entfernen) an, die mal den Betrüger, mal denjenigen, der von dem guten Weg sich entfernt oder den, der das Volk irreführt, bedeuteten. Noch mehr: Für die *Illusion* benutzten die Griechen auch Wörter von der Familie *mátaios* (unbegründete, unüberlegte, sinnlose Aktionen, oder verrückte, sündhafte, sogar kriminelle Menschen). Als leidenschaftliche Wahrheitsanbeter, haben die Griechen die Gefährlichkeit des Phänomens *Illusion* am besten und am frühesten verstanden.

Friedhof, Anfang, Ende

Wenn das Weizenkorn nicht in die Erde fällt und erstirbt, so bleibt's allein; wenn es aber erstirbt, so bringt es viel Frucht (Johannes Evangelium, 12, 24). Botanisch vollkommen richtig! Doch wir haben alle Gründe, diesen Satz nicht als eine landwirtschaftliche Lektion, sondern als ein Gleichnis mit bedeutungsvoller Aussage zu betrachten – wie das so oft in den Heiligen Schriften der Fall ist. Da der Tod (des Weizenkorns) mit einem In-die-Erde-Fallen in Verbindung gebracht wird, besteht kein Zweifel, dass hier eigentlich an den Menschen – immer nach dem Tod be-erdigt! – gedacht ist. Mit Sicherheit ist in diesem Zitat über die Unsterblichkeit der Seele, über ein Leben nach dem Tod die Rede.

Für uns Menschen ist die Geburt der wichtigste *Anfang*, wie der Tod das wichtigste *Ende* ist. Zwischen den beiden Punkten erleben wir eine lange Kette von Anfängen und Enden: Kindheit, Ausbildung, Karriere, Arbeitsplätze, Wohnungen, manchmal Ehen, Krankheiten – alle haben einen *Anfang* und ein *Ende*. Das ist wohl bekannt und wahr! Dementsprechend zieht ein *Anfang* mit Notwendigkeit ein *Ende* nach sich. Richtig! – aber ungenügend. Denn wir machen oft einen Fehler: Wir stellen uns den *Anfang* und das *Ende* vor, als ob die jeweils am ersten und am letzten Punkt einer geraden Linie stünden. Eine oberflächliche Vorstellung, die eher grundschulmässig anmutet! Gerade das Zitat von Johannes lenkt die Aufmerksamkeit auf die Idee, dass nicht nur der *Anfang* ein *Ende* nach sich zieht, sondern auch das *Ende* einen neuen *Anfang* bedeutet. Die Wirklichkeit so verstanden als ununterbrochene Kette von Anfängen und Enden, wo einem *Ende* ein *Anfang* folgt, wird das Schema unserer Vorstellung nicht mehr eine Linie, sondern ein Kreis sein. Es entsteht die Idee der Zyklizität. Tatsächlich schon vor Sokrates haben die Philosophen (unter anderem Heraklit) verstanden, dass „alles fließt", dass sich alles in ununterbrochener Umwandlung befindet, und so das *Ende* eines „Etwas", sei es ein Ding oder ein Zustand, immer der *Anfang* von einem anderen „Etwas" bedeutet. Auch die nüchterne moderne Physik behauptet durch den Energieerhaltungssatz im Grunde das Gleiche: „Die Gesamtenergie in einem geschlossenen System bleibt konstant" – auch wenn verschiedene Energieformen umgewandelt werden, z.B. Bewegungsenergie in Wärme. Das heißt: dass das *Ende* (Erschöpfung) der Bewegungsenergie in einem gegebenen System nicht ihren endgültigen Verlust bedeutet, sondern die Entstehung – siehe *Anfang*! – der selben Menge an Wärmeenergie. Ähnlich ist auch der Massenerhaltungssatz in Chemie und Physik zu verstehen.

Viele Philosophen der Antike und der Neuzeit, aber auch Religionen, behaupten, dass nach dem wichtigsten *Ende* für den Menschen, dem Tod, ein *Anfang* stattfindet – Unsterblichkeit der Seele wird die Theorie genannt. Andere Lehren sprechen von der Reinkarnation der Seele nach dem großen *Ende*. Auch für die skeptisch, materialistisch-pragmatisch eingestellten Menschen, die nicht an ein Leben nach dem Tod glauben können/wollen, bedeutet dies endgültige *Ende* trotzdem einen *Anfang* – zumindest für die Hinterbliebenen, die ein Leben ohne den Verstorbenen beginnen müssen.

Der Weg von einem *Anfang* zu einem *Ende* ist viel einleuchtender und leichter nachzuvollziehen als der, von einem *Ende* hin zu einem neuen *Anfang*. Im ersten Fall könnte die Rede von einer Linie sein, denn selbst der Weg ist ein progressiver Verbrauch. Aber der Werdegang von einem *Ende* zu einem neuen *Anfang* ist eher eine delikate und anspruchsvolle Schnittstelle, da auch eine „Geburt" stattfindet. Für alle Menschen ist die symbolische Schnittstelle zwischen deren wichtigstem *Ende* und einem noch unbekannten *Anfang* der *Friedhof*. Die Geschichte dieses Wortes – *Friedhof* – zeigt die Eigenschaften, die die anspruchsvolle Schnittstelle haben muss, um ein *Ende* in einen *Anfang* umwandeln zu können.

In germanischen Sprachen bedeutete das Wort *frīda-* „gepflegt, schön". In Gotisch bedeutete das Wort *freidjan* „schonen". Daraus entstanden die altdeutschen Wörter *frei, freien, Freund, Friede* und *frīten* (hegen, schonen, pflegen). Die Annäherung von *frīten* mit „hof" erzeugte *frīthof* (eingefriedetes Grundstück). Später ist das Wort als Bezeichnung des Kirchhofs benutzt und an das Wort *Friede* angeglichen worden. Es entstand *Friedhof*, als „Immunitätsland" verstanden, auf das die Beamten kein Angriffsrecht hatten (!).

In dem Wort *Friedhof* klingen unterschwellig Begriffe wie gepflegt und schön sein, hegen und schonen, Frieden – unterstützende Ortseigenschaften, nicht nur um Pietät gegenüber den Toten zu zeigen, sondern auch um die eigene Trauer zu verarbeiten, d.h. aus dem *Ende* einen *Anfang* machen zu können.

Das andere in europäischen Sprachen sehr verbreitete Wort für *Friedhof* stammt von Griechisch: *koimētērion*. Dieses wurde ins Lateinische übernommen (*coemeterium*) und danach ins Französische (*cimetière*), Englisch (*cemetery*), Spanisch (*cementerio*) usw. In vorchristlichen Zeiten *koimētērion* bedeutete Schlafzimmer. Es ist ein Derivat von *keimai* (platziert sein, liegen, sich befinden) und weiter von *koitē* (liegen, Bett, Nest und Ehebett). Es ist zu merken, dass auch Wörter, wie „Gemahlin" (*akoitis*) und auch „Lager" im Sinne Schlafstätte für Soldaten (*koitē*), von derselben Familie stammen. Vielleicht erklärt es sich so, warum in unserem Zitat das Weizenkorn „allein bleibt", wenn es „nicht in die Erde fällt und erstirbt" – also wenn es, eben wie die Menschen(!), nicht in einem *koimētērion* zu Ruhe, in Gemeinsamkeit, sich zurückzieht. Im noch laizistischen *koimētērion* sind Spuren von der Idee eines Ehebettes, einem Lager, in welchem mehrere Menschen sich versammeln, um in Ruhe zu schlafen, und sogar Spuren von der Idee einer Gemahlin geblieben. Erst in christlichen Texten bekommt *koimētērion* dieselbe Bedeutung wie das aktuelle Wort *Friedhof*.

Legen wir die unterschwelligen Bedeutungen der Wörter *Friedhof* und *koimētērion* zusammen. Die Schnittstelle zwischen *Ende* und *Anfang* zeigt sich dann als ein Ort, wo Ruhe, Schonung und Frieden herrschen; ein Ort, wo man durch Schlaf zu Kräften kommt, um etwas Neues anzufangen, schließlich ein Ort, wo Ende, Ruhe und gar Schlaf nicht unbedingt Alleinsein bedeuten müssen. Ein schöner Ort – so schön wie der Mutter Leib fürs Kind, bevor der größte *Anfang* sein Wort gesprochen hat!

Nicht nur wenn die Rede von Geburt und Tod ist, sondern in allen Angelegenheiten, wo der Mensch mit einem *Ende* konfrontiert wird, gleichen die Eigenschaften dieser magischen Schnittstelle einer Gedankengrammatik für die Begegnung mit dem immer wiederkehrenden „Danach".

Zugegeben: Der Umwandlungsprozess vom *Ende* in einen *Anfang* ist schwer nachzuvollziehen, hat auch einen Hauch von Mysterium, für manchen ist er gar Alchemie. Er ist aber wahr – wenn man es will... Er ist die Alchemie der Hoffnung!

Thomas Brandsdörfer

Linie, Kreis

Klarstellung: In dem folgenden Text wird unter dem Begriff „Linie" eine gerade Linie, eine *Gerade* verstanden. Unter „Kreis" können auch ein Oval bzw. eine Ellipse und überhaupt alle Kegelschnitte verstanden werden, die eine geschlossene, „glatte" Kurve darstellen. Alle erwähnten geometrischen Figuren sind im Sinne der traditionellen euklidischen Geometrie zu betrachten.

Um mehr Deutlichkeit zu gewinnen, greifen unsere Vorstellungen zu Bildern: Sie drücken sich durch Bilder aus. Wir verbildlichen die Welt. Es ist nur Sache und Können der Wissenschaftler, ein Objekt ihren Interesses in jeweils spezifischer „Sprache" – z.B. mathematischer – zum Ausdruck zu bringen; obwohl, gemäß einiger Geständnissen (u.a. Einstein), parallel zu dem fachlichen Beschreibung/Diskurs verbildlichen sie auch deren Vorstellungen.

Um mehrere in der Wirklichkeit miteinander verkettete Phänomene, Zustände und auch Gegenstände bildlich zu erfassen, greift unsere Vorstellungskraft oft zu einem Muster/Schema. Der Klarheit wegen soll dies so einfach und so ausdrucksvoll wie möglich sein. Dafür eignen sich am besten geometrische Figuren oder vereinfachte zeichnerische Skizzen. Der Werdegang einer alten Familie z.B. wird wie ein stilisierter/skizzierter Baum verbildlicht (Stammbaum). Über das nicht nachvollziehbare Verschwinden von Geld eines Unternehmens oder Steuergeld, wird man sagen, es sei „in dunklen Kanälen" versickert – auch ein Baum, aber auf den Kopf gestellt! Die erfreulichen Zahlen in Wirtschaft- Finanz- und Börsenwelt werden als emporsteigende Linien dargestellt, während die unerfreulichen, angstbringenden Zahlen aggressive schnittige Zacken und Brüche der positiven Linien bilden. Eine unglückliche „Dreierbeziehung" – wie sie, unter vielen anderen, der norwegische Mahler Edward Munch mit dem Schriftsteller August Strindberg und dessen Frau hatte – wird oft als ein Dreieck vorgestellt (in seiner Verzweiflung hat der Maler selbst wiederholt ein solches skizziert und Lebens „Trimurti" genannt).

Aber solche Verkettungen lassen sich mit der geraden *Linie* oder mit dem *Kreis* am besten bildlich darstellen. In Verbildlichungsprozessen zeigen sich die *Gerade* und der *Kreis* als erstaunlich ausdrucks- und bedeutungsvoll. Wäre es nicht der Fall, hätte ich diese beiden Figuren nicht ins Gespräch gebracht, denn sie haben außerhalb deren symbolischer Funktion in Vorstellungsprozessen, sehr klare und allgemein bekannte Bedeutungen. Aus demselben Motiv wird hier auch auf die Etymologie der beiden Begriffe verzichtet.

Der Verbildlichungsprozess unsrer Vorstellungen, d.h. der Prozess des Vergleichens und Angleichens der in Wirklichkeit existierenden Verkettungen mit geometrischen Figuren ist das Werk sowohl von Vernunft und Verstand, als auch von Fantasie und Sensibilität. Das ist außer Frage, weil die so gebildeten Vorstellungen sowohl Wirklichkeit, als auch Fantasie, Poesie, Fabel in deren Aussage eindeutig besitzen; sie können sogar als Metapher funktionieren. Um besser zu begreifen, was *Gerade* und *Kreis* verbildlichen können, müssen wir uns deren Wesen ebenso annähern: mit Vernunft, Verstand, aber auch mit Fantasie, Sensibilität und – warum nicht? – poetisch. Nur so könnte unser Denken *kräftig duften wie ein Kornfeld am Sommerabend* – wie Nietzsche so schön sagte. Wer ist der *Kreis*? Wer ist die *Gerade*?

Stellen Sie sich einen *Kreis* vor. Wählen Sie einen Punkt A (wie Anfang) am besten unten aus. Beginnen Sie eine „Reise" entlang der runden Linie, die den Kreis abgrenzt. Früher oder später werden Sie wieder an den Punkt A gelangen. Fangen Sie erneut die „Reise" an: das Gleiche wird passieren. Was hat dieses Spielchen zu bedeuten? Durch seine Wesensart zwingt Sie der Kreis immer wieder zum Anfang, immer wieder zum Ursprung zurückzukehren. Es ist ein regelmäßiges In-sich-zurückkehren, es ist eine Art ontologischer Affekt. Und das ist noch nicht alles: Bei der Wiederholung des „Abenteuers Kreis" wird auch das Phänomen Gedächtnis suggeriert. Das erneute „Durchfahren" aller Punkte, die den Kreis bilden, verschafft dem „Reisenden" das Gefühl, sich auf bekanntem Wege zu befinden, mit anderen Worten: Vertraulichkeit und Behaglichkeit. Es ist hier nötig zu betonen, dass die Umstände und Bedeutungen, die beim „Wiederkommen" auf einen Punkt gelten, jeweils unterschiedlich sind – sei es auch nur wegen des Zeitverlaufs und der mittlerweile erworbenen Erfahrung des Subjektes. Es ist wie im realen Leben: man versteht und meistert besser eine Situation, die Ähnlichkeit mit einer schon erlebten hat. Die wiederholte „Reise" auf einem Kreis suggeriert auf keinen Fall eine dumpfe Stagnation sondern eher eine Evolution. Ja, der *Kreis* spricht über Ursprung, über Gedächtnis, Vertraulichkeit und über die Evolution. Nicht so die *Gerade*. Beim Versuch eine „Reise" entlang einer geraden *Linie* zu unternehmen, wird man bald feststellen, dass kein Punkt neu „durchfahren" wird, keine Wiederhollung vorkommt. Man befindet sich immer auf neuem Gebiet. Keine Spur von einer Rückkehr zum Ursprung. Die Gerade hat keinen ontologischen Affekt. Und das ist noch nicht alles: Wie die Geometrie uns lehrt, hat die gerade Linie keinen Anfang und kein Ende – sie ist unendlich (sichtbar auf dem Papier ist nur ein Segment von ihr!). Sie kommt vom Nirgendwo und saust ins Nirgendwo. Während so einer „Reise" kann auch von Gedächtnis oder Vertraulichkeit keine Rede sein. Vielmehr ist man mit der Unendlichkeit konfrontiert. Schwindel erregende Unendlichkeit, über welche Pascal, eine alte Metapher von Empedokles übernehmend, sagte, dass das Universum nicht vollkommen in Erfahrung gebracht werden kann, weil es *eine unendliche Sphäre ist, dessen Zentrum sich überall befindet und dessen Umfang nirgendwo* (*Pensées* Nr.230 nach Sellier Nummerierung). Über den „Giftschuss", den die Unendlichkeit mit sich bringt, hat, unter vielen anderen Philosophen, auch Kierkegaard gewarnt. Er sagte, die Unendlichkeit entfernt den Menschen von sich selbst, hindert ihn, zu sich selbst zurückzukehren. Und der Philosoph Emil Cioran sah die Unendlichkeit wie *„die Demenz einer ununterbrochenen Bewegung"*, die auch jegliche Sinnbildung- oder Findung entkräftet, jede Form verneint und zu nichts führt. Der Philosoph beklagte, bei Auseinandersetzung mit der Unendlichkeit Schwindelanfälle zu kriegen und behauptete, dass diese *zu erleben und an sie länger zu denken die furchtbarste Revolte-Lektion zu bekommen bedeutet* (Emil Cioran *Sur les cimes du désespoir*). Damit sind indirekt alle psychologisch-symbolischen Grundeigenschaften der *Gerade* genannt. Die Vermutung liegt nahe, dass die Abneigung gegenüber der Unendlichkeit mindestens teilweise von ihrer Unvorstellbarkeit (Unmöglichkeit sie zu verbildlichen!) mit verursacht ist. Ja, die *Gerade* spricht über den Stress der Unendlichkeit, über ontologische Vergesslichkeit (ontologische Amnesie), über das Unvertraute und Unbekannte.

Es ist vollkommen wahr: auch der *Kreis* trägt in sich die Unendlichkeit. Es ist die Möglichkeit, die „Reise" entlang der Linie, die den Kreis abgrenzt, unendliche Male zu wiederholen. Es ist eine Unendlichkeit des Wiederholens. Da die Zeit in allen Altern der Menschheit immer durch eine wiederholende Einheit – Stunden, Tage, Jahreszeiten, Jahre etc. – gemessen worden ist, liegt auf der Hand, dass der *Kreis* über die Unendlichkeit der Zeit spricht. Der *Kreis* mimt die Ewigkeit. Die Ewigkeit ist eine Art angenehmere Schwester der stressbringenden Raumunendlichkeit. Angenehm nicht nur weil der Mensch hin in die Ewigkeit sich leichter projizieren kann, im Sinne seines schönsten Traumes – der Unsterblichkeit, sondern weil er, wegen der typischen Wiederholung der ihm bekannten Einheiten, viel besser sich die Ewigkeit vorstellen kann. Darüber hinaus, salopp gesagt: Ist es zu bevorzugen, hier stets in vertrauter Umgebung zu bleiben, als immer im Unbekannten zu sein, ohne zu wissen, woher man kommt und wohin die „Reise" geht, wie es der Fall wäre, gäbe man der Raumunendlichkeit der *Linie* Geleit.

Die gerade *Linie* spricht auch über Revolution, denn alle Revolutionen verbindet eins: die vollkommene Verneinung dessen was gewesen ist. Im Gegensatz zu den Evolutionen (*Kreise*), die auf Erneuerung durch Verarbeitung des Gewesenen zielen (wiederkommen im selben Punkt unter anderen Umständen), errichten die Revolutionen (*Linien*) das Neue durch die radikale Ersetzung des Gewesenen – genau das, was auch die *Gerade* macht. Ontologische Amnesie! Diese Diagnose passt zu allen Revolutionen, egal ob die politischer, sozialer oder kultureller Art sind; umso mehr Revolutionen im Kunstbereich, wo sie Avantgarde genannt werden. Wie die Gerade, geht keine Revolution auf bekanntem Wege, wie es in einem *Kreis* der Fall ist. Einmal vollzogen, sollte sich eine Revolution logischerweise auflösen – Erneuerungszweck erfüllt! Aber es ist nicht der Fall: Jede Revolution neigt dazu, sich auf ewig zu installieren, wofür sie eine immer neue Legitimierung ihrer Existenz erfinden muss. Schafft sie es nicht, sich zu redefinieren und regenerieren, folgt ihr eine neue Revolution (bei der Avantgarde in der Kunst deutlich sichtbar!). Revolution als Dauerzustand! Die *Gerade* ebenso: Es ist bekannt, dass eine Gerade durch zwei Punkte, einer „Stützpunkt" und der nächste „Richtungspunkt" genannt, sich definiert. Theoretisch sollte dementsprechend schon nach den ersten zwei Punkten die Gerade fertig sein – wie auch die Revolutionen. Falsch! Da eine Gerade nichts anderes als eine unendliche Zahl von hintereinander eingereihten Punkten ist, könnte man annehmen, dass jeder Punkt die beiden Aufgaben übernimmt: Stütze und Richtung zu sein. Hier ist zu verstehen, dass die Gerade, ähnlich der Revolutionen, redefiniert, regeneriert, sich selbst unendlich „erfindet". Die *Gerade* und die Revolutionen sind autogenerativ! Ja, die *Gerade* ist Revolution, wie der *Kreis* Evolution ist.

Kein Wunder, dass der so behagliche, vertrauenswürdige *Kreis* einen Sonderplatz in den Vorstellungen des Menschen über die Welt einnimmt. Die Reihe Geburt, Kindheit, Jugend, erwachsen sein, Alter, bis hin zum Tod, wird, vielleicht auch in der Hoffnung, dass nach dem letzteren doch ein Anfang wiederkommt, als *Kreis* wahrgenommen. Hier ist die ausdrucksvolle Beschreibung Erasmus von Rotterdams zu erwähnen, wie die Greise wieder zu Kindern werden (*Lob der Torheit*). Auch das Wechselspiel zwischen Tag und Nacht, oder die immer wiederkehrenden Jahreszeiten werden häufig mit einem *Kreis* verglichen. Die Bewegung des lebenspendenden Blutes im Körper, obwohl gar nicht kreisförmig, wird *Kreis*-lauf genannt. Wenn in den sogenannten Dynamischen Systemen ein Phänomen (als Wirkung einer Ursache zu betrachten) zurück auf seine Ursache maßregelnd und maßgebend agiert, so die Dynamik des Systems verändernd, wird von Rückkoppelung oder *Feed-back* gesprochen. Das *Feed-back* ist eigentlich als *Kreis* vorstellbar: Ursache A → Wirkung → Ursache A (zurück!) und nicht Ursache A → Wirkung → Ursache B (Wirkung als Ursache eines neues Phänomens), wie es der Fall in einer *linienartigen* Verkettung der Phänomene ist. Die gleichgesinnten Menschen, die, um Erfahrungen auszutauschen, sich mehr oder weniger organisiert versammeln, bilden auch *Kreise* (oder *Runden*): Arbeits-*Kreise*, Literatur-*Kreise*, Hobby-*Kreise*, usw. Die Reichen oder die Aristokraten sprechen über deren gesellschaftlichen *Kreis*. Jeder der ein wenig Ahnung von Psychologie der Formen hat, weiß wohl, dass der Bogen, eigentlich ein Teil-*Kreis*, für die Elemente, die sich in der Innenseite seiner Wölbung befinden, also in seiner Konkavität, Schutz signalisiert. Umgekehrt, was sich außerhalb der Wölbung eines Bogens befindet, also in seiner Konvexität, scheint abgewiesen zu werden – häufig sind dies, die Elemente vor welchen die innenseitlich befindlichen geschützt werden sollen. Auf diese Weise erklärt sich, warum in der Bildenden Kunst eine Mutterschaft (z.B. Maria mit dem Kind) ohne milde, *kreisförmige* Linien und *Rundungen* kaum vorstellbar ist. *Kreis*, Teil-*Kreis* als Zärtlichkeit! Das

Motiv der Kuppel in der Architektur bestätigt unzählige Male die Schutzfunktion der Wölbung, sprich des *Kreises*, bzw. Ellipse, oder Teil-*Kreises*/Bogen (siehe, neben fast allen Kirchen, u.a. auch Lord Norman Forsters Umbau des Reichstages in Berlin: interessant ist, dass dieser Kuppel mittels Durchsichtigkeit des Materials, die von der Form her abweisende Funktion in Richtung „draußen" entzogen worden ist). Auch die Schutzschilder, die einzigen pazifistischen Objekte in einem Waffenarsenal, stellen von einem gewissen Winkel aus betrachtet Bögen, Wölbungen, also Teil-*Kreise* dar. Die Verbindung zwischen Schutz und *Kreis* kann nicht dementiert werden!

Was bleibt der geraden *Linie* zu verbildlichen? Außer ihrem oben erwähnten Vergleich mit der Revolution, eignet sich die *Gerade* wegen ihrer Starrheit und ununterbrochenen Vorwärtsbewegung aller Aktionen, die ein Stechen, ein Durchdringen darstellen, zu symbolisieren. Ob es eine Lanze, ein Bogenpfeil, Säbel, auch Revolver- oder Kanonenkugel ist, eigentlich jede Art Geschoß und Stich, folgt in deren tödlichen Zweck immer einer *Gerade*. Die *Gerade* kann aggressiv sein, während der *Kreis* schützt und eine gewisse Zärtlichkeit ausdrückt. Die *Gerade* trennt immer. Sie ist ein Schnitt, während der *Kreis* oder Teil-*Kreis* versammelt und schont. Front- und Demarkations-*Linien*, auch wenn in Wirklichkeit nicht immer gerade, aber schematisch immer als *Gerade* vorgestellt, sind diesbezüglich die gängigsten Beispiele. Die Grundprinzipien einer politischen Partei werden Partei-*Linie* genannt und wehe, wenn ein Mitglied davon abweicht (das Prinzip der *Gerade* wäre verraten!).

Zum Schluss die bedeutungsvollsten Eigenschaften, die *Gerade* und *Kreis* unterscheiden: deren Beziehung zur Ordnung.

Jeder sich auf einem *Kreis* befindliche Punkt weist eine feste, unveränderbare Entfernung von der Kreismitte auf. Die Kreismitte definiert und ordnet alle Punkte eines Kreises. Weicht ein Punkt von dieser Entfernung ab, gehört er nicht mehr zum Kreis. Zu Recht kann man behaupten: Die Kreismitte ist das Referenz- Ordnung- und Gesetzbringende Element des Kreises. Der *Kreis* als archetypisches Ordnungsmodell! Ein Vergleich mit der Moral und Ethik als Ordnungsbringendem Mittelpunkt einer Gesellschaft ist kaum zu vermeiden! Die Tatsache, dass andere geschlossene und „glatte" Kurven – Ovale, Ellipsen usw. – ständig veränderte Entfernungen zwischen Mitte und deren Punkten, oder gar zwei Mitten/Zentren aufweisen, ist hier belanglos. In diesen Fällen sind es nur etwas komplizierte mathematische Formeln, die die Position bzw. die Zugehörigkeit jedes Punktes ebenso streng wie beim Kreis ermitteln und bestimmen. Das Ordnungsprinzip bleibt bestehen. Die Punkte einer *Geraden* aber finden deren Ordnung – immer vorwärts, in derselben Richtung fortzuschreiten – in- und für sich selbst, wie oben gezeigt: „Stützpunkt" → „Richtungspunkt", unendlich wiederholt. Folglich, ist nicht nur die *Gerade* selbst, sondern auch die Ordnung ihrer Punkte autogenerativ, und nicht wie beim *Kreis*, in Relation/Referenz zu etwas (Kreismitte) entstanden.

Zeitlich weit entfernt von uns sollte ein Ereignis mit enormer Bedeutung für die mentale Entwicklung der Menschheit stattgefunden haben. Es war der Moment, in welchem der Mensch durchschaut hat, dass oben auf dem Firmament sich kugelartige Körper befinden, dass diese sich kreisförmig bewegen und dabei auch leuchten. Die *Kreise* selbst, die immer wieder die leuchtenden Sphären (auch *Kreise!*) vor Augen brachten, waren für den Menschen eine Erläuterung: die, verstanden zu haben, dass der Kosmos einer Ordnung gehorcht. Und wenn da, in der fernen Welt der Giganten und Götter, Ordnung herrscht, sollte sie auch hier, bei uns, vorhanden sein. Die Annahme, ja, die Überzeugung, dass die Welt auf einer nachvollziehbaren Ordnung, auf verständlicher Vernunft ruht und funktioniert, ist Träger und Motivation aller Wissenschaften und Wissenschaftler bis in unsere Tagen. Diese außerordentlich tonische Überzeugung, entscheidend für den Werdegang der Zivilisation, ist ursprünglich ein Geschenk des *Kreises* an die Menschheit. Denn nur der repetitive Kreis kann Vertrauen einflößen und Nachvollziehbarkeit einflüstern. Im Gegensatz: Durch ihre ewige Koketterie mit der Unendlichkeit verwirrt und verirrt die gerade *Linie* den Menschen. Es ist äußerst schwer sich vorzustellen, wie sich der Homo mental entwickelt hätte, wenn er überzeugt wäre, die Welt sei von Chaos und Unberechenbarkeit regiert. Keine Feststellung könnte Gesetzeskraft erlangen. Auch die Logik gäbe es nicht.

Der Kosmos, Reich der Kreise und Ellipsen, spricht auch über die Verbindung der Ordnung und des Gleichgewichtes mit dem Maßhalten. Die Vertrauen bringenden Planeten können ihre Umlaufbahn nur dank einem feinabgestimmten Ausgleich der Zentrifugalkraft (Trägheitskraft oder Fliehkraft) mit der Zentripetalkraft (Anziehungskraft Richtung

Mitte) halten. Würde eine dieser Kräfte Überhand nehmen, wäre das Gleichgewicht verloren. Entweder stürzte der Planet auf seine Sonne (Kreismitte) und verschwände damit, oder, der Fliehkraft folgend, würde er seine Umlaufbahn verlassen und damit auf Ewigkeit ein Vagabund des Himmels sein – eben eine *Linie*, die blind ins Nirgendwo saust. Ableben durch Abtrünnigkeit! Die Versuchung, einen Vergleich mit der Moral und Ethik vorzunehmen, verlässt uns nicht! Poetisch könnte man die vagabundierenden *Linien* des Kosmos als seine Tränen deuten. Gebrochen, weil gezwungen *Gerade* zu werden, weinen die Kreise!

Das ist die Lehre des Kreise- und Ellipsen-Reiches: Ordnung, Berechenbarkeit, Beständigkeit, Verständlichkeit. Tatsächlich bedeutet Kosmos in Altgriechisch u.a. Weltall, Ordnung, Anstand, bestehende Verfassung, Regelmäßigkeit, aber auch Menschheit, Schmuck und Ehre. Dem Wort gemäß bestätigt sich der Vergleich mit der Moral und Ethik!

Apropos Schmuck: ist nicht Ordnung, Anstand, Beständigkeit und Verständlichkeit der schönste Schmuck der Welt?

Kirche, Dorf

Diese beiden zur Diskussion vorgeschlagenen Wörter haben kaum unterschwellige Bedeutungen, die interessant oder wichtig sein könnten. Auch deren Etymologie ist nicht sehr aussagekräftig. Zu wissen, dass das Wort *Kirche* vom griechischen *kyrios* (Herr) stammt, dass *kyrios* neutestamentlich griechisch zu *kyriakōs* (zum Herrn gehörig) geworden ist, bringt sehr wenig. Belanglos ist auch zu wissen, dass die Urformen des Wortes *Dorf* immer wieder Gehöft, bebautes Land, Haus, gebaute Häuser auf Rodungsgebiet etc. bezeichneten. *Kirche* war, ist und wird immer Haus des Herrn bedeuten. Unter *Dorf* wird eben nur Dorf zu verstehen sein. Wozu dann die Mühe?

Aber im Zusammenhang betrachtet bekommen die beiden Wörter ungeahnt wichtige Bedeutungen. Wenn wir noch dazu die Perspektive unserer Betrachtung erweitern und sagen *Kirchen und Dörfer* – wie eigentlich der Titel dieses Schreibens sein sollte – enthüllen sich sogar kapitale Bedeutungen für unsere Zivilisation. Darum lohnt sich gewiss die Mühe!

Wenn ein Reisender auf offenem Land weit am Horizont einen Kirchturm sieht, ist er sicher: da befindet sich ein Dorf. Sollte er dieses Dorf erreichen wollen, wird der Kirchturm am Horizont sein Orientierungspunkt; seine Marschrichtung wird von diesem Punkt bestimmt. Einmal im Dorf angekommen wird unser Reisender gar nicht staunen, dass die kleinen Häuser der Dorfbewohner, allesamt viel kleiner als die Kirche, rund um diese stehen. Es ist offenkundig: der Kirche wurde der beste Platz der Gemeinde überlassen: die Mitte des Dorfes. Es dauert nicht allzu lange, bis der Besucher des Dorfes feststellen wird, dass die Kirche, nicht nur für ihn, beim Ankommen Orientierungspunkt und Marschrichtungsanzeiger war, sondern auch für alle Ansässigen. Diesmal natürlich nicht als Orientierung im geographischen, sondern eindeutig im moralischen und ethischen Sinne. Tatsächlich werden alle Handlungen der Dorfbewohner moralisch und ethisch mit der Mitte ihres Dorfes d.h. mit der Kirche, bzw. Religion immer in Übereinstimmung sein. So bekommt die Platzierung der Kirche in der Mitte des Dorfes symbolischen Charakter: moralische und ethische Mitte der Gemeinde. Aus demselben Grund, als „Haus des Herrn", und vielleicht auch um ihrem Wort mehr Gewicht zu verleihen, ist die Kirche das größte und höchste Gebäude des Dorfes. Durch das was sie predigt und von den Gläubigen verlangt, bildet die Kirche eine Art moralische Achse der Gemeinde, eine Sammlung von ungeschriebenen Gesetzen, ja, ein *codex vitae* (Gesetzbuch des Lebens).

Es ist nicht unser Thema, und auch nicht mein Wille, hier zu kommentieren, inwiefern die Predigt der Kirche und vor allem ihre Handlungen immer richtig und dem eigenen Grundbuch getreu gewesen sind. Wichtig und unbestreitbar ist, dass die Kirche den Menschen eine moralische Achse mit überwiegend positiven Inhalten angeboten hat. Denn ohne einen moralischen Orientierungspunkt, ohne verbindliche Referenz und Akkord mit einem maßgebenden und maßregelnden Katalog des Guten, des Sittlichen, des Angebrachten und Angemessenen verliert sich der Mensch und irrt im Dschungel der niedrigen Instinkte. Gefahr für ihn und seinen Mitmenschen!

Obwohl Religionen (sprich: Glaube) in allen Zeiten vorhanden waren, sind sie nicht immer diejenigen, auf jeden Fall nicht die einzigen, die Moral und Ethik angeboten und angemahnt haben. In der griechischen Antike z.B. waren die moralischen Gesetze eher durch Vernunft und Logik von den Philosophen formuliert und gedeutet. Auch Immanuel Kant gründete den *codex vitae* auf Vernunft. Vernunft und nicht Glaube sei die Quelle und Stütze der Moral und Ethik, meinte der große Philosoph. Die Beispielliste könnte weit verlängert werden.

Auch was die Bereitschaft den moralischen und ethischen Angeboten zu folgen betrifft, sind große Abweichungen nicht zu übersehen. Nicht nur unzählige Einzelfälle von Mord, Betrug, Erniedrigung des Schwächeren usw. – Unsittlichkeit gab, gibt und wird es immer geben! – sondern auch ganze Perioden, in welchen sogar die Mehrheit den guten *codex vitae* vernachlässigt sind relativ leicht auszumachen. Mindestens können wir sagen: es hat nie an Tentativen gefehlt, einen moralischen und ethischen Kodex im guten oder schlechten Sinne zu verändern, mit Hilfe einiger politischer Ideologien ihn bis zur Unkenntlichkeit zu verstümmeln oder gänzlich zu ersetzen.

In einer Gesellschaft wie der unseren, wo das Gebot der freien Entfaltung der Persönlichkeit in Individualismus und Egoismus ausufert, anders gesagt: in einer Gesellschaft, wo das „wir" immer mehr an Wichtigkeit zu Gunsten des „ich" verliert, ist es eigentlich kein Wunder, dass die Bereitschaft, einem „von draußen" angebotenen Kodex zu folgen, immer geringer wird. Tatsächlich ist in unserer emanzipierten und modernen Gesellschaft das Prinzip der individuellen Freiheit so (miss)verstanden, dass Abweichungen, gar Vernachlässigungen, oder zumindest opportunistische Intensivfärbungen der moralischen Achse, die die Kirche anbietet, für den Subjekt-Täter kein Problem darstellen oder verursachen. Dazu eilen neue „Sittenprinzipien" zu Hilfe und bieten dem individualistischen Abtrünnigen Motivationsunterstützung an. Neue „Religionen" und neue „Kirchen" entstehen! Die Geschichte mit dem Reisenden und seinem Besuch in einem Dorf, wo „alle Handlungen der Dorfbewohner moralisch und ethisch mit der Mitte ihres Dorfes d.h. mit der Kirche immer in Übereinstimmung sind" sollte deswegen eher als ein Märchen betrachtet werden. Jedoch dieses Märchen hätte vor 200 Jahren gewiss Gültigkeit gehabt!

Wer hat in unserem christlichen Raum, in 2000 Jahren seiner Existenz, moralisch und ethisch das Sagen gehabt? Nicht immer exklusiv die christliche Kirche!

Um hier einen langen Bericht über die Geschichte der Moral und Ethik zu vermeiden, und um auch bei unserer Metapher, *Kirchen und Dörfer*, zu bleiben, halte ich es für angebracht, anhand der Architektur punktuell zu erwähnen, wer wann das Sagen in Sachen Sittlichkeit hatte. Es muss erinnert werden, dass prinzipiell ein wichtigeres Gebäude außer seiner praktischen Funktionalität meistens auch eine symbolische hat. Das Gebäude spricht über seinen Bauherrn: wer ist er, was für einen Geschmack hat er und vor allem: wie viel Macht besitzt er. Das Gebäude ist Diskurs und zugleich oft auch Warnung seines Besitzers. Es ist kein Zufall, dass besonders die Diktatoren übergroße Gebäude gebaut haben oder bauen wollten. Nach diesen Überlegungen können wir das Märchen mit dem Reisenden zu einem Dorf wiederaufnehmen, jedoch unter der Berücksichtigung, dass man unter Dorf jede Art menschlicher Gemeinde, unter Umständen auch eine Megastadt wie New-York, London, Paris oder Berlin, verstehen sollte.

Im tiefsten Mittelalter erschien unserem Reisenden, weit am Horizont, zuerst die Burg vor Augen. Sollte er in die dazu gehörige Siedlung kommen wollen, war dieses Gebäude, in der Regel auf einer Höhe und in die Höhe gebaut, sein Orientierungspunkt. Dort angekommen, hat er schnell verstehen können, dass der Hauptbewohner des Schwin-

Thomas Brandsdörfer

del erregenden hohen Bauwerks eine Art Gott ist, im Gegensatz zu seinen Leibeigenen, die, vor oder hinter der Schutzmauer, ihre ärmlichen Hütten sinnlich und bildlich im Schatten gebaut haben. Der irdische Herr und Eigner der Gemeinde hatte Rechte über Tod und Leben der Mitglieder und nicht selten schickte er sie in Kriege, nur um eine Braut für Seine Durchlaucht buchstäblich zu entführen. Er war die rechtliche, moralische und ethische Achse der Gemeinde, und natürlich auch der ganzen Region, die er besaß. Sofern die christliche Religion schon da war, hat er sie in seinem Gebäudekonglomerat als kleine Kapelle beherbergt, so wie man es mit einem geschätzten Dauergast macht. Dem, der so viel Macht hat, gehört selbstverständlich das höchste, das größte, das unantastbare und für Unbefugte unbetretbare Domizil – eben die Spitze der Burg.

Als die christliche Religion sich genug konsolidiert hatte, begann sie, dieser laizistischen Art von Architekturgipfeln Konkurrenz zu machen. Es entstanden in jedem Dorf Kirchen, und in den ganz großen Dörfern gigantische Kathedralen oder Domkirchen, die sogar die Burgen in den Schatten stellten. Die Machtdemonstration war vollkommen! Es hat nicht zu lange gedauert, bis es der Klerus wurde, der sogar die Inthronisation der Burghauptbewohner bewilligte oder nicht. Das moralische und ethische Monopol der Religion, und damit auch der ihrer architektonischen Zeichen, hat mehrere Jahrhunderte unbestritten gedauert und in einer gewissen Weise währt es immer noch. Ihre beispiellose Festigkeit verdankt die Institution Kirche hauptsächlich zweien ihrer Eigenschaften. Zum einen ist es die Faszination, die sie auf ihre Gläubigen ausübt. Sie vermittelt den Menschen das Gefühl, unter ihrer Obhut seien sie nicht alleine, auf ihre kapitalen Fragen – z.B. Tod – könne sie eine tröstende Antwort geben, ihre Hoffnungen erfüllen, und auch ihre Sünden und Fehler unter gewissen Umständen verzeihen. Architektonisch funktioniert die Kirche genau in diesem Sinne: Durch die Größe überzeugt sie, dass sie imstande ist alle Versprechungen zu erfüllen; ihre Kuppeln versammeln schonend die Menschen, während ihre spitzen Türme Hoffnungen, Gedanken und Gebete zu bündeln und wie ein Trichter hoch ins unendliche Reich des Erlösers zu projizieren scheinen. Die Kirche ist eindeutig ein Ort der Gemeinsamkeit, der Ruhe, der Hoffnung und des Trostes. Zum zweiten verdankt die Kirche ihre beispiellose Festigkeit der Tatsache, dass sie einen ausführlichen, klaren moralischen und ethischen Kodex formuliert hat. Damit gab und gibt sie den Gläubigen einen Leuchtturm, einen Orientierungspunkt, schließlich eine „Marschrichtung" für deren Taten und Gedanken – eben wie es mit unserem Reisenden geschehen ist. Effizienter geht es kaum!

Obwohl es psychologisch gesehen sehr schwer ist zu glauben, dass jemand von so einem Angebot Abstand nehmen würde, ist es gerade so passiert. Die Fundamente der Kirche haben sehr schwere Schläge hinnehmen müssen: die Aufklärung, die bürgerlichen Revolutionen, die verblüffende Entwicklung der Wissenschaften, die Säkularisierung (Trennung von Kirche und Staat), die Demokratie und die individuelle Emanzipation der Menschen. Die Kirche verlor Terrain und entsprechend auch die dominante Stellung ihrer Architekturmerkmale. Andere Ideologien, oder milder ausgedrückt andere Lebens- moralische und ethische Einstellungen versuchten der architektonischen Großspurigkeit der Kirche Konkurrenz zu machen. Allmählich wird der Reisende andere Orientierungspunkte am Horizont sehen:

In Zeiten der Nationalstaaten wird unser Reisender in fast allen Groß-Dörfern imposante Tore, Triumphbögen, Kolumnen und Säulen sehen. Verziert mit in Stein gemeißelten Kampfszenen, Fahnen, Wappen und ähnlichen Symbolen, verkörpern solche Monumente unverkennbar die Aussage einer Ideologie. Patriotismus heißt sie. Ihr moralisch-ethischer Sinn und Ziel ist die Forderung der unbedingten Bereitschaft der Dorfbewohner, sich für die Gemeinschaft zu opfern. Die Platzierung solcher Merkmale, in der Regel auf Kreuzungen, großen, breiten Boulevards, hat es in sich: Sie ist eher eine angemessene Kulisse für die Einzugsparaden der Helden der Nation, die gerade in einem mehr oder weniger gerechten Krieg gekämpft haben, als ein Ort der lockeren Spaziergänge für die daheim gebliebenen, die in Sachen Aufopferung noch einige Lektionen zu lernen haben. Auch wenn die architektonischen Insignien dieser Ideologie nicht immer die der Religion zugehörenden überragt haben, sind sie prädominante städtebauliche Punkte, und vor allem sprechen sie von einer noch heute existierenden und nicht immer schädlichen moralischen und ethischen Orientierung der Dorfbewohner. Aber sie haben auch oft bei der Wandlung nationaler Gefühle zu nationalistischer Neurose und Delirium beigetragen. Hier sei vermerkt, dass die Patriotismus-Ideologie nicht in offenem

Konflikt mit der der christlichen Religion auftritt; eher färbt oder ergänzt sie diese.

Auch der Geist der Aufklärung hat in das moderne Dorf seine Merkmale gesetzt. Unser Reisender wird da eine Serie von Groß-Gebäuden, die Theater, Universitäten und Museen beherbergen, bewundern. Auch wenn diese eine Orientierung in Richtung Kultur und Bildung signalisieren, haben sie nie städtebaulich den Rang der Kirche strittig machen können. Die Kultur hat immer unter Geldmangel gelitten! Und vielleicht verspürte sie auch nicht das Bedürfnis, physisch zu imponieren. Dagegen stellten die Kultur und die Bildung immer häufiger die kirchliche Ideologie in Frage. Sie haben andere „Kampfmittel": die Vernunft – wie in der Antike!

Die Demokratie – im Grunde auch eine Ideologie mit präzise und nuancierten ethisch-moralischen Zügen und Geboten – verpasst nicht die Chance, durch ihre architektonischen Insignien zu signalisieren, wer das Sagen hat: das Volk durch seine mehr oder weniger fair gewählten Vertreter. In dem modernen Groß-Dorf gelingt es den Parlamentsgebäuden städtebaulich die Führung fast zu übernehmen. Orte, wo das demokratische Prinzip ausgeübt und zelebriert wird, können die Parlamente auch „Kirchen der Demokratie" genannt werden. Wenn in London das imposante und wunderschöne Parlament noch Konkurrenz von Westminster Abbaye bekommt, ist in Berlin der Reichs- bzw. Bundestag ohne Frage überragend. Noch deutlicher ist die Prädominanz der Demokratieinsignie in Washington, wo das Kapitol, wie die alten Burgen, auf eine Höhe und in die Höhe gebaut worden ist. Mindestens da ist die Kirche der Demokratie konkurrenzlos. Keine Religions-Kirche könnte dagegen halten!

Die unaufhaltsame Entwicklung der Industrie, der Technologie und der Wissenschaften setzt auch ihre „persönlichen Marken" in die Landschafen der großen Dörfer. Unser Reisender wird beim Anblick der Bahnhöfe, wahre Paläste der Industrie, regelrecht staunen. Sich annähernd an Paris, wird er am Horizont zuerst den Eiffelturm sehen und bewundern. Denn, obwohl die Kirchen dieses „Dorfes" alles anderes als mickrig sind und die Basilika Sacré Cœur, wie die alte Burgen, auf eine Höhe und in die Höhe gebaut ist, gegenüber dieser weltberühmten metallischen Hommage an die Industrie haben sie absolut keine Chance, den Wettbewerb in der vertikalen Dimension zu gewinnen. Hinzu kommen etwas später auch die Fernseh- und Telekommunikationstürme. Die Technischen Monumente scheinen gar nicht interessiert einen Wettbewerb in die Höhe gegen die Religion-Kirchen oder andere Ideologien zu gewinnen. Deren Effekt und sekundäre Funktion ist vielmehr Vertrauen in den Fortschritt zu vermitteln. Sie vertreten keine Moral oder Ethik, sondern propagieren ganz einfach Zuversicht für die Zukunft. Indirekt ist dieser Umstand nicht unbedingt sehr angenehm für die christliche Kirche, denn Zuversicht und Vertrauen war seit Jahrhunderten ihr „Geschäft"; …und damit kann man viel unter und mit den Menschen anfangen!

Die Situation ändert sich radikal, wenn unser Reisender sich in der heutigen Zeit einem Groß-Dorf annähert. Am Horizont wird er in den meisten Fällen kaum einen Kirchenturm, kaum ein Nationalmonument des Patriotismus, schon gar nicht ein Theatergebäude, eine Universität, ein Parlament oder einen Bahnhof sehen können. Alle sind im Dorf noch vorhanden, aber von den Wolkenkratzern optisch regelrecht erwürgt. New-York hat es vorgemacht, andere Groß-Dörfer sind gefolgt oder sind dabei zu folgen. Die Bauherren, denen durch solche neuartigen Architektur-Insignien die städtebauliche Landschaft und Persönlichkeit zu verändern gelungen ist, sind die Herren des Geldes, die Hauptakteure der Wirtschaft und vor allem die der sogenannten Finanzindustrie. Die Geburt und Entwicklung der neuen städtebaulichen Giganten ist nicht nur von dem Umstand, dass deren Bauherren Geld im Übermaß besitzen, verursacht und mitgetragen; sie sind auch nicht nur den erneuerten bautechnologischen Möglichkeiten zu verdanken. Der Wille der Herren des Geldes, Macht zu zeigen, ist dabei nicht zu übersehen. Wie damals die Burgen, bieten diese Gebäude ihren Herren selbstverständlich das höchste, das größte, das unantastbare und für Unbefugte unbetretbare Domizil an – eben die Spitze des Turmes. Gebäudemäßig kokettieren die neuen Türme mit dem Himmel – wie einst die Kirchen! Eindeutig ist die neue städtebauliche Eroberung auch von einem Geist, von einer Ideologie, ja, von einer Art Religion verursacht und mitgetragen. Die Wolkenkratzer der Finanzindustrie sind eigentlich „Kirchen des Geldes", sind die Insignien der Religion des unbegrenzten Profites. In den neuen Kathedralen wird dem einfachen „Kirchenvolk" nie eine Absolution erteilt – es wäre gefährlich für das Prinzip! Hoffnungen heißen da bewilligte Kredite d.h. bewilligte Bindung an die

Kirche, zwecks Vermehrung ihres Kapitals. Wenn aber die Monsignores, Bischöfe und Kardinäle der heiligen Einrichtung einen Fehler machen, können sie sich ruhig zu Ruhe setzen, selbstverständlich mit Honoraren und üppigen Apanagen. Sollte der Fehler so groß sein, dass selbst die Kirche zu stürzen droht, ist es auch nicht sehr schlimm: das ganze Kirchenvolk wird es mit kleinen Groschen aus der Tasche schon reparieren!

Die Frage ist berechtigt: Worauf begründet sich so ein System, das nicht nur städtebaulich, sondern auch ideologisch, moralisch, ethisch und psychologisch der christliche Kirche den Rang strittig machen kann? Auf diese Frage, kommt die Antwort von selbst: Das System predigt und macht die wundersame Vermehrung des Besitzes, am liebsten mit einem Minimum an Mühe und Einsatz vor. Mit dieser Versprechung kommt das System einer menschlichen Neigung entgegen, die ebenso alt ist wie der Mensch selbst: das Haben wollen. Der moderne Mensch, emanzipiert, verschrieben dem Individualismus und dem Egoismus ist extrem empfänglich für das Prinzip und für die Chance, die die neuen Herren des Geldes anbieten oder versprechen: die unbegrenzte Vermehrung des Habens. Die logische Konsequenz ist die Erhebung des Systems an die Stelle einer Weltanschauung, an die Stelle einer Religion. Als solche bringt das System auch eine Moral und eine Ethik mit sich, die von dem Zwang älterer und immer restriktiver Gebote der Sittlichkeit befreit. Die alte Kirche predigte eher Selbstlosigkeit, die neue aber den Egoismus. Die Kirchen des Geldes werden nicht nur geographische Orientierungspunkte bei Annäherung an das moderne Groß-Dorf sein, sondern auch Orientierungspunkte der Handlungen und Gedanken in Mitte des Dorfes.

Hinzu kommt eine kleine Nuance, die aber ausschlaggebend ist: Während der Wille zu haben, um eigene Existenz und Bedürfnisse zu sichern, noch mit jeder herkömmlichen Moral und Ethik vereinbar ist, verrät das Streben, einen Überfluss zu besitzen – was gerade die Finanzindustrie verspricht – nur den Willen zu Macht und übersteigerter, überflüssiger Vergnügung. Macht und unbegrenzte Vergnügung sind nicht unbedingt nötig aber wohl verführerisch! Die Festigkeit der neuen Religion gründet auf Verführung. Verführung ist ihre Faszination. Erschreckend: die alten moralischen Prinzipien durch Verführung ersetzt!

Unabhängig von deren Symbolik und Intentionen, sind die städtebaulichen Insignien der neuen Religion in sich auch schön – die Architekten haben oft mit Talent und Können diese Aufgaben erledigt! Sie gehören nun unseren Groß-Dörfern, und es ist gut so. Keine Spur meinerseits von einem Plädoyer für deren Abriss! Gelöscht werden müsste nur deren Einfluss auf die Moral und Ethik der Dorfbewohner!

Überhaupt wäre es sogar gut, wenn die moralischen und ethischen Gebote nicht mehr mit gigantomanischen Gebäuden prahlen würden, wie es damals so oft der Versuch war. Denn deren Kraft liegt in dem Wahren und Guten, das sie vertreten und durchsetzen sollen. Wir wissen schon von der Antike: nur das Wahre ist auch schön und gut, und das Gute immer schön und wahr! Wozu Türme in den Himmel ragen, als Vertreter des Wahren, Guten und Schönen in unseren Dörfern und Seelen?

Lassen Sie die Kirche im Dorf! Die gute, die schöne Kirche...

Thomas Brandsdörfer

Titanen, Legenden, Zaren, Ikonen, Superstars, Megastars

Wie glücklich sollten wir sein! Jeden Tag ist uns gegeben, in Medien, manchmal auch persönlich, Titanen, Legende-Menschen, Zaren, Ikonen, Super- und Megastars zu begegnen. Wir dürfen über sie auch Intimitäten erfahren, als ob sie unsere engen Freunde wären. Wenn sie bei Champagner und Kaviar sich versammeln, können wir fast mit am Tisch sitzen – virtuell, versteht sich. Es lebe der Fernseher! Unser alter guter Frisör ist umgetauft: er heißt jetzt Haarstylist; die Putzfrau auch: sie nennt sich heute Raumpflegerin – exklusiver geht es kaum. Eine wunderbare Welt!

Sind wir damit wirklich so glücklich? Ja und nein! Es mag sein, dass eine Anzahl von Personen – wahrscheinlich ganze Gesellschaftschichten – die alltägliche Begegnung mit solch übernatürlich begabten Menschen spannend und ehrenhaft finden. Besonders die TV-Konsumenten kommen für eine verhältnismäßig kleine monatliche Gebühr zu diesem Genuss. Der Abend ist gerettet. Alle Abende sind gerettet! Aber diese Art der Abendrettung ist auf der anderen Seite ein gefährlicher Verlust. Deswegen bin ich tief überzeugt, dass es auch andere Gesellschaftschichten gibt, die von der allabendlichen „Inflation" mit Titanen, Legenden, Zaren, Ikonen, Super- und Megastars mindestens Abstand nehmen, wenn nicht sogar empört und besorgt sind, wie ich es bin.

Warum so ein Aufruhr meinerseits und noch dazu der Wille, ihn durch dieses Buch weiter mitzuteilen? Nicht die Frage ist hier brisant, sonder wohl die Antwort. Zuerst möchte ich klar feststellen: ich gönne jedem Menschen auf dieser Welt einen Star, einen Super- oder Megastar, ja, sogar eine Legende oder ein Titan zu werden – und, wenn die Lobwörter und Vergleiche nicht mehr reichen, noch höher: „Supergott"! Bei der Erscheinung solcher Menschen wäre ich auch glücklich, denn wir brauchen dringend Leitfiguren. Jetzt kommt aber „der Knackpunkt": Wir brauchen echte Leitfiguren! Wohl gemerkt und betont: echte! Anders ausgedrückt: es gibt kaum Einwände, solche Beinamen, Etikettierungen, Vergleiche vorzunehmen, vorausgesetzt der Mensch, auf den sie sich beziehen, verdient es durch seine Taten und Eigenschaften.

Im Grunde liegt hier ein Sprachproblem, genauer gesagt ein Problem der korrekten Anwendung eines Wortes und seiner Bedeutungen. Stimmt überein, was ein Wort durch sich selbst bezeichnet, und womit ich was oder wen meine und bezeichnen will? Was ist zu verstehen, wenn ich *Maus* meine, aber *Löwe* sage? Unwahr, Chaos total, Verwirrung, grobe Lüge! Obwohl die Denker über Wahrheit und Lüge sehr viele und sehr kluge Wörter gesagt haben, werde ich an dieser Stelle, wenn auch ungern, eine der dunkelsten Gestalten des 20. Jahrhundert erwähnen: In einem Gespräch über die Propaganda hat Josef Stalin behauptet, dass, Tausend Mal wiederholt, eine Lüge sogar zur Wahrheit wird! So verstand er die kommunistische Propaganda! Dieser widerliche „Mechanismus" nutzt skrupellos den Mangel an selbstständigem Denken und Kultur, die Naivität oder die schwachen Nerven von einigen, um die Lüge in „Wahrheit" umzumünzen. Die weitere Verbreitung der neuen „Wahrheit" im ganzen Volk ist danach die Aufgabe der Massenpsychologie – eine Art mentale Epidemie findet statt. Wer immer noch nicht glaubt, hat den Mund zu halten, sonst wird er als Verräter oder geistig krank abgetan, oft auch bestraft. Und so wird z.B. Ungerechtigkeit zu Gerechtigkeit, oder die Maus zum Löwen gemacht! Man kann es Gehirnwäsche oder Volksverblödung nennen.

Der Kommunismus ist fast weltweit vorbei. Wie gut! Erstaunlicherweise hat aber sein Propagandamechanismus überlebt und zwar genau in den traditionell demokratischen Ländern. Diesmal Gott sei Dank, nicht vom Staat oder Parteien betrieben, sondern von einigen – mit Sicherheit nicht allen – freien Medien. Auch das Ziel der Gehirnwäsche oder Volksverblödung hat sich geändert: Der ominöse Mechanismus dient nicht mehr politischen Ideen und Behauptungen, sondern überwiegend der Massenvergnügung d.h. der Massenunterhaltung.

Die Frage, warum die Medien versuchen uns mehr oder weniger begabte Personen als höchst exklusive Figuren zu „verkaufen", oder, um bei unserem Vergleich zu bleiben, warum die Medien Mäuse als Löwen verkaufen, kann meines Erachtens nach nur eine einzige Antwort haben. Bei dem gigantischen täglichen TV Angebot (bei nur 30 Programme mit 24 Stunden Sendezeit am Tag ergeben sich 720 Stunden – unvorstellbare „30 Tage Sendung am Tag") ist es natürlich schwierig, flächen- bzw. zeitdeckend anspruchsvolle Eigenproduktionen zu sichern oder für Übertragungslizenzen von guten Filmen oder anderen interessanten Ereignissen Unsummen zu bezahlen. Wirtschaftlich würde es nie funktionieren. Es ist kein Geheimnis, dass wahre Persönlichkeiten, Menschen die etwas wirklich Beeindruckendes geleistet haben, ein Charisma, eine Anziehungskraft besitzen. Deren Präsenz in einer Sendung würde die heißbegehrten Einschaltquoten sichern – das Geld würde in die Kasse sprudeln. Pech für die Sendeanstalten ist, dass solche echt prominenten Persönlichkeiten sehr selten und auch sehr teuer sind (dass solche Menschen gar nicht im Sinn haben, täglich im TV zu erscheinen, kommt hinzu!). Was ist denn, vom Standpunkt der Sender her, zu machen? Da bei den Lizenzpreisen für die Übertragungen wenig zu „basteln" ist, bleibt als quasi einzige Lösung die eigene Prominentenfabrikation. Man nehme mehr oder weniger begabte Personen, die schon einige Leistungen aufweisen können, und man kürt sie zu Superstars, Legenden und gar Titanen. Es lebe Josef Stalin – er hat den Mechanismus vorgezeigt, wie sich die Lüge in „Wahrheit" destillieren lässt! Man überhäuft den netten TV-Präsenz Bedürftigen mit himmlischen Lob, man nennt ihn mit fast neurotischer Häufigkeit „Titan", „Megastar" „Ikone" oder dergleichen und – hoppla hopp! – die Nation hat einen neuen Giganten. ...hoppla hopp, das Geld sprudelt in die Kasse. Ein wirklich genialer Streich (keine Spur von Ironie!) ist eine Sendung zu machen, wo just diese Methode gezeigt wird, wie man „Superstars" fabriziert. Mit anderen Worten: „Liebes Publikum, ich belüge dich seit eh und je, jetzt aber zeige ich dir, wie ich es mache" – toll, nicht wahr? Es ist wirklich toll (wieder keine Spur von Ironie!), denn dabei sind alle zufrieden: das Publikum, die Sender und natürlich auch diejenigen, die gerade in den Olymp gehievt sind. Alle sind genauso zufrieden wie es die Banker (und nicht nur die!) bei dem Jonglieren mit virtuellen Werten, bei den „Luftnummern der Finanzverbrecher", bei deren „Abhebung von der Realität" (Rüdiger Safranski) waren. Man hat die zweistelligen Wachstumsraten und die dicken Milliardenpakete im Chorus (inklusive Politiker!) nicht anders bejubelt als einige Sendungen mit Titanen und Superstars.

Der Vergleich Medien–Banken, bzw. Finanzkrise, ist gar nicht so künstlich oder forciert, wie es beim ersten Blick scheinen mag. In beiden Fällen haben wir es mit einer Abhebung von der Realität, oder

Luftnummern, d.h. mit einer vorgegaukelten Hochwertigkeit, die in Wirklichkeit nicht ist, zu tun. Jedoch bleibt bei dem anfänglichen oder Dauerjubeln jemand immer außen vor: die Vernunft. Wenn sie nicht eingeschlafen, pervertiert oder gar tot ist, kann die Vernunft die krasse Entfernung von der Realität nicht befürworten und noch weniger bejubeln. Eine der wichtigsten und spezifischen Operationen der Vernunft ist eben die richtige Einschätzung, die richtige Bewertung eines Objektes oder einer Situation; mit anderen Worten den realen Wert wissen und ihn richtig einstufen. Noch einfacher: außer im Kunstbereich, wo ziemlich alles erlaubt sei, ist es zweifelsohne unvernünftig wenn man die Maus „Löwe" nennt. Wenn es ohne Wissen geschieht, ist es außerordentlich traurig und kann zu Recht Inkompetenz oder Ignoranz genannt werden. Wenn aber die falsche Bewertung wissentlich und gar absichtlich geschieht, haben wir es eindeutig mit einem kriminellen Attentat zu tun. Ein Attentat in erster Linie auf die Vernunft, aber nicht nur auf sie! Man braucht nicht lange zu denken, um herauszufinden, was für ein Unheil die falsche Bewertung einer Situation oder auch eines einzigen winzigen Objektes mit sich bringen kann. Man könnte mit der berühmten kleinen Schraube, die in einem Flugzeug irgendwo montiert ist, anfangen: ist die Bewertung seiner physikalischen Eigenschaften fehlerhaft, kann es viele Menschenleben kosten. Hier hilft zum Glück die Mathematik. Wenn jemand eine ganze Nation in einen hoffnungslosen Krieg stürzt (z.B. der Irak-Krieg, oder auch der Zweite Weltkrieg), haben wir es auch mit einer falschen Bewertung der Situation zu tun. Leider hier hilft nicht mehr die Mathematik – die Psychiatrie würde wohl helfen! Die Liste der Missetaten, die auf eine falsche, unvernünftige Bewertung gründen, kann unendlich erweitert werden. Die ganze Zivilisation, in ihren guten Aspekten, beruht zum großen Teil auf der Fähigkeit der Vernunft, richtig zu bewerten.

Es ist schwierig und auch nicht die Aufgabe in diesem Text, auszuloten, ob das jonglieren mit virtuellen Werten (die keinen Wert hatten!), ob die Abhebung von der Realität, die die Banker weltweit infiziert hat, wissentlich/absichtlich oder unwissentlich/irrtümlich geschehen ist. Je nach der Antwort, können diese Taten, die die ganze Welt in Unglück gestürzt haben, entweder als Ignoranz oder als Verbrechen qualifiziert werden. Ein Alternativurteil ist kaum denkbar.

Die Frage, die ich fairerweise stellen muss, ist, ob die Abhebung von der Realität durch falsche Bewertung, die die Medien betreiben, ebenso schwerwiegend in ihren Konsequenzen ist, wie die, die in der Welt der Finanzen war. Folglich stellt sich auch die Frage, ob ich nicht in diesem Text mit zu schweren Geschützen gegen eine nur amüsante und unterhaltsame Erscheinung der Medien vorgegangen bin. Schieße ich mit Kanonen auf Spatzen?

Gar keine Frage: die Millionen von Arbeitslosen, die die Spekulationen der Finanzwelt schon verursacht haben, sind deutlich schwerwiegender als die Benennung eines „Ottonormalkünstlers" als Titan oder Ikone. Selbst der Vergleich kann impertinent und ignorant anmuten. Doch werde ich mich nicht dafür entschuldigen, weil:

A – Beide Erscheinungen haben als Ursache dasselbe Phänomen: die falsche Bewertung, dadurch die Entfernung von der Realität und die Missachtung der Werte und der Werteskala. Es ist vollkommen wahr, dass, wenn die Entfernung von Realität und Werten im Finanzbereich eine „kritische Masse" erreicht hat, die Konsequenzen sich *explosiv* (Krise!) manifestieren, im Gegensatz zu den Konsequenzen der Missachtung der Realität und Werte im Medienbereich, deren Unheil *korrosiv*, d.h. langsam aber sicher mit der Zeit, wirkt. *Explosive* Wirkungen im Finanzbereich und *korrosive* im Medienbereich – dieses scheint der einzige nennenswerte Unterschied zwischen den beiden Phänomenen zu sein. Aber so unterschiedlich wie sie sind, *Explosion* und *Korrosion* (Zernagung, Durchfressung, z.B. Rost auf Metall) haben letztendlich denselben Effekt, worauf sie agieren – sei es ein Objekt, ein System oder gar eine Fähigkeit eines Lebewesen. Beide führen zu dem gleichen Zustand: Verlust der Funktionalität, Verfall, Unnützlichkeit.

B – Genauso wie die Explosion in Finanzbereich mindestens vorübergehend den Verlust der Funktionalität der weltweiten Systeme verursachte, besteht das Risiko, dass die Entfernung von der Realität, die die Medien in Sache Bewertung betreiben, eine Korrosion der mentalen Fähigkeit, selbständig zu denken und zu bewerten, bei einigen Zuschauern mit sich bringt. Eingehüllt in einen fragwürdigen Mantel der Faszination, lange genug wiederholt, können falsche Bewertungen nicht mehr so witzig sein, sondern, im Unterbewusstsein, wie ein Freibrief zur Ungenauigkeit und Missachtung der Werteskala agieren. Fiktive/falsche Werte anbetend zu glauben, führt zu Realitätsverlust! Sollte der Fall auftreten, wird man morgen zu Recht behaupten können, dass die heute belustigend anmutende Missachtung der Werte und der richtigen Bewertung in Medien, durch mentale Korrosion zu der Massenarbeitslosigkeit mindestens beigetragen hat. Die heutigen Großkonsumenten der deliranten Übertreibungen und Ungenauigkeiten, die einige Medien anbieten, sind mit gewisser Wahrscheinlichkeit die Arbeitslosen von morgen. Denn, den hochqualifizierten Arbeitskräften von morgen werden analytisches, genaues und selbstständiges Denken, sowie die Fähigkeit, Werte zu erkennen und zu respektieren, noch mehr als heute abverlangt. Solche Eigenschaften erlernt man schon im Kindesalter. Niemand darf, nicht mal in geringsten Maße, diesen Lernprozess stören; nicht mal zu einer kleinen unterhaltsamen Abweichung davon jemanden einladen/verführen. Diesen Lernprozess zu schonen und aktiv zu unterstützen ist die Pflicht der ganzen Gesellschaft, von Eltern, Kindergärten, Schulen bis hin zu den Universitäten und nicht zuletzt der Politik und der Medien, falls diese letzeren nicht deren kulturellen Auftrag, zugunsten des wirtschaftlichen Gebotes, vergessen haben. Es ist eine Pflicht gegenüber der Vernunft, der Zivilisation und der Zukunft.

Nein! Keine Entschuldigung meinerseits an die Medien, obwohl heute noch harmlos erscheint was die in dieser Hinsicht betreiben – es sind nicht mal spaßbringende Spatzen… es sind sogar winzige Mikroben, aber mit großem Infektionspotential. Gerade deswegen keine Entschuldigung.

Auf der anderen Seite, hüte ich mich den Fehler eines von mir sehr geschätzten und verehrten Kulturmenschen zu wiederholen: Die *gesamten* TV-Anstalten oder Sendungen ein wenig zu pauschal, ungenügend nuanciert „an den Pranger" zu stellen. Mit Freude gebe ich zu, dass eine Fülle von Sendungen meines Erachtens nach eine wahre Bereicherung für alle bedeutet. Sozial-politisch investigative Sendungen, Diskusionen zu verschiedenen Themen, wissenschaftliche Sendungen, historische- und andere Dokumentationen aller Art, Reiseberichte, nicht zuletzt einige deutsche Kunstfilme (eine wahre Renaissance der Qualität findet hier statt!) und auch manche Kabarett-Sendungen – alle signalisieren, dass der Kultur- und Erziehungsauftrag der TV-Medien noch nicht überall und für immer vergessen ist. Dass solche Sendungen sehr oft auch eine überzeugende Unterhaltungskomponente aufweisen, ist noch erfreulicher. Wenn schon ein Teil des Hofes sauber und gepflegt ist, was steht im Wege, den anderen Teil zu fegen? Die Infektionen kennen keine Grenzen!

Schließlich erscheint nötig zu betonen, dass die oben aufgestellte Analyseskizze und theoretische Argumentation nicht nur für die von den Medien falschen/übertriebenen Bewertungen und Etikettierungen von Personen – also nicht nur für die Perversität, die Maus „Löwe" zu nennen – Gültigkeit haben. Eine gewisse Gültigkeit haben sie wohl für alle medialen, und nicht nur medialen, Handlungen, die sich von der Realität und vom realen Werte entfernen. Dabei geht es auch um ästhetische, moralische und ethische Werte. Es geht schlichtweg um die Wertemissachtung- und Verfall im Allgemeinen. Aber eine solche Ausweitung des Themas bedarf natürlich einer separaten Behandlung.

Das zentrale Thema dieses Buches ist die Findung der Bedeutungen und vor allem der unterschwelligen Bedeutungen der Wörter. Folglich gehört sich, nach der Feststellung des theoretischen Rahmens, eine Rückkehr zu den im Titel vorgeschlagenen Begriffen. Was sind Titanen, Legenden, Zaren, Ikonen, Super- und Megastars und unter welchen Umständen dürfen Menschen als solche genannt werden, ohne ein Attentat auf die Vernunft auszuüben, oder dabei sich selbst lächerlich zu machen?

-Titanen. Die Titanen erscheinen schon in dem ältesten altgriechischen Theogonien. Sie sind die Kinder von Gaya (die Erde) und Uranus (der Himmel). Kronos, einer der ersten Titanen, entmannt seinen Vater (Uranus), um die Herrschaft zu erlangen, und isst seine Söhne (Kannibalismus!), um die Herrschaft beizubehalten. Durch List von Kronos' Frau (Rhea), wird eines der Kinder geschont: Zeus. Dieser richtet den Olympus ein. Ein erbitterter Krieg entsteht zwischen den Titanen und den Olympianern unter Zeus. Nach zehn Jahren Kämpfen (Hesiod) gewinnen die Olympianer und seitdem gilt deren Ordnung, basierend auf Intelligenz und List, als Modell für die irdische Welt, für die Gemeinden und deren Kultur. Die Titanen werden verbannt. Einer von ihnen, Atlas, wird bestraft, die Erde ständig auf seiner Schulter zu tragen. So ging die Herrschaft der Titanen zu Ende, die eine Epoche der Barbarei und der rohen Gewalt darstellt. Mindestens aus mythologischer Sicht ist nichts Gutes und nichts Schönes von Titanen abzulesen. Ausnahme ist u.a. Prometheus, der auf der Seite von Zeus im Krieg war. Es ist vielleicht die ungeheuerliche, aber primitive, Kraft der Titanen – siehe Atlas – die, die Bedeutungsfolkloristik beeinflusst hat und diese Wesen fälschlicherweise positiv erscheinen lässt. An Atlas denkend – und nur an ihn, der die ganze Welt trägt – könnte man eventuell einen Menschen Titan nennen. Voraussetzung ist: Der so benannte trägt durch seine Kraft und Taten mindestens den ganzen Bereich, in dem er tätig war – und das weltweit und noch lange nach seinem Tod. Die großen Erneuerer, Genien, die solche Leistungen gebracht haben, dass deren Bereich nicht mehr denkbar ohne sie ist, könnten, und zwar nur mit eingeschränkter Berechtigung, Titanen genannt werden. Platon, Shakespeare, Kant, Goethe, Einstein, Dostojewski …vielleicht könnte man sie, ohne dabei selbst peinlich zu werden, Titanen nennen!

-Legenden. Eine Legende ist eine Sage, ein verzerrt dargestellter historischer Vorgang, ohne absolut berechtigten Anspruch auf die Treue zu Realität. Der Logik nach, kann ein Mensch keine Legende sein. Die Menschen können nur legendär sein. Voraussetzung ist, dass Legenden, Märchen, Sagen um deren Person und Taten von den Nachkommen gesponnen werden (z.B. über die Lebensgewohnheiten von Hemingway, Kant oder Adenauer).

-Zaren. Sie sind die Kaiser des alten Russland gewesen. Typisch für sie waren unermesslicher Luxus, in welchem sie lebten, ihr permanenter Drang, das Reich mit jedem Mittel zu erweitern und vor allem ihre Allmacht über Land und Volk. Menschen, die außerordentlich viel Macht haben und diktatorisch agieren, könnten mit Zaren verglichen werden, aber auf keinen Fall Mode-Designer, einige sogar nur mit regionaler Bedeutung, wie es die Medien über solche oft behaupten. Die Etikettierung ist abstrus, denn die Mode-Macher sind nicht allmächtig und verfügen nicht uneingeschränkt über ganze Völker. Das gleiche gilt auch für manche Maler, die „Fürsten" genannt werden – haben sie etwa Untertanen?

-Ikonen. Eine Ikone ist ein Bildnis eines Heiligen, besonders in der östlichen Christlisch-Orthodoxen Religion. Man betet eine Ikone an, weil diese stellvertretend ist für den Heiligen, den sie darstellt. Ein Mensch oder Heiliger kann nie eine Ikone sein – es hieße, er ist seine eigene Darstellung. Stupide! Man könnte doch einen Menschen *wie* eine Ikone anbeten. Das heißt aber, dass dieser Mensch noch keine Ikone *ist*. Eine junge Frau, mehr oder weniger schön, oft mitleiderregend abgemagert, dazu mit affigen Gang, der mal an Storch, mal an

Rotlichtmilieu erinnert, als Werbe-Ikone zu benennen ist ignorant und geschmacklos. Die Medien tun es gern und häufig mit den sogenannten Fotomodels. Das traurige Resultat ist: Manche Teenager Mädchen verfallen in Magersucht und unterziehen sich unnötigen Schönheitsoperationen, nur um wie diese „Ikonen" auszusehen und auch, wie diese, viel Geld leicht zu verdienen – ohne die lästige Schule, versteht sich! Die Konsequenz ist oft deren Tod. Wer, bitte schön, trägt die moralische Verantwortung?

-Super- und Megastars. Es ist durchaus trefflich, einen sehr guten Schauspieler oder Sänger „Star" – also Stern – zu nennen. Sowohl Stern, als auch großer Künstler strahlen: Licht bzw. Persönlichkeit, Charme, kurzum Ausstrahlung. Die beiden sind kaum erreichbar – auf jedem Fall nicht von der Mehrheit der Menschen. Persönlichkeiten wie Greta Garbo, Burt Lancaster, Romy Schneider, Kirk Douglas, Anthony Quinn, Die Beatles, aber auch Götz George, Heinz Hönig, Iris Berben und viele andere hoch talentierte Menschen nannte und nennt man immer noch zu Recht „Stars". Welche Eigenschaften soll einer haben, um Super-Star benannt zu werden? Soll er noch stärker ausstrahlen und noch unerreichbarer sein? Dass die Hippie-Kultur den Jesus Superstar deklariert hat, könnte man schmunzelnd akzeptieren. Aber nur in diesem Fall. Die Fülle von Super- und sogar Megastars, die danach kam, steht in keiner Relation zu den zu Recht genannten Stars. Ist etwa der „Megastar" Madonna wichtiger in der Popmusikgeschichte als „nur" die Stars, Die Beatles? Ich möchte gar nicht erwähnen, dass sogar Künstler von lokaler Bedeutung oft von den Medien als „Superstars" verkauft werden! Wie könnte es mit der Steigerung weiter gehen? Der Computerterminologie nach, werden wir uns demnächst mit „Giga-Stars" verwöhnen, vielleicht auch mit „Tera-Stars" (Tera: das Billionenfache einer Maßeinheit). Und danach? Danach werden wahrscheinlich alle Lichter (Stars!) in ein dunkles Loch stürzen... das Wort selbst wird, samt seiner Bedeutung, ausgedient haben – und „Star" wird nicht mal das einzige Wort mit diesem Schicksal sein! Es ist dabei kein Spaß, vielmehr ist hier ein Denkfehler bei den Medien, aber auch bei dem Publikum, das solche törichte Übertreibungen akzeptiert und auch glaubt. Es ist schlichtweg die totale Missachtung jeglicher Werteskala. Wäre das Leben unerträglich ohne solche inflationären und infektiöser „Preziosen", ohne falsche Schmuckstücke? Ist nicht der echte Schmuck auch der schönste und der wertvollste? Auch wenn die Wahrheit enttäuschen und wehtun kann, sie ist der schönste Schmuck der Taten und Gedanken des Menschen. Die Lügen aber, die falschen Werte, auch wenn sie betäuben und berauschen, sind wahres Unglück. Richtig wertvolle menschliche Taten und Eigenschaften zu erkennen, anerkennen und so zu loben, dass deren Autoren als Leitfiguren, ja, Idole hochgehievt werden – das wäre nützlich für uns alle; weniger für einige Medien… aber das ist wirklich kein Verlust!

Maximierung, Verführung

Nur bei erster Betrachtung scheinen diese Wörter harmlos zu sein! In Wirklichkeit und besonders zusammengekoppelt beinhalten sie eine fatale Brisanz.

Maximierung. Der Begriff zeigt eindeutig die Tendenz, den größtmöglichen Wert oder das größtmögliche Maß von etwas zu erreichen – eben ein *Maximum*. Ein Wachstum also, aber eines, das sich sehr viel vornimmt: nämlich sich selbst keine eindeutigen Grenzen zu setzen. Es mag kurios anmuten, aber in *maximieren* klingt die Bedeutungsnuance der undefinierbaren Grenze mindestens ebenso klar wie die des Wachstums selbst, was eigentlich die Aktion ist. Es liegt auf der Hand, *Maximierung/maximieren* ist mindestens tendenziell ununterbrochenes Wachstum, so lange und so weit „wie das Zeug hält", am liebsten unendlich. Einmal angefangen, wird *Maximierung* ein *autogener* Prozess – sie erfindet und legitimiert sich selbst immer aufs Neue. Warum und weswegen es so ist, wird in den folgenden Seiten erörtert.

Obwohl die Maximierung das Zeichen der Unendlichkeit in sich trägt, und auch davon getragen wird – tendenziell wohl gemerkt! – kann sie nicht ins Infinite dauern und agieren. Die Wirklichkeit zeigt ihr immer die Grenzen. Wie lange „hält das Zeug"? Welche sind diese Grenzen? Es gibt für die Maximierung zwei natürliche Wege ein Ende zu finden: Entweder wird sie von äußerlichen Faktoren oder Umständen gestoppt, oder sie selbst erreicht eine kritische Masse und wird untragbar. In dem letzteren Fall endet der Prozess durch Explosion oder Implosion, d.h. Zusammensturz und Funktionalitätsunfähigkeit des Maximierten. Nichts kann unendlich wachsen!

In der Natur gibt es unzählige Prozesse, die die Tendenz zum Maximieren aufweisen: Die Dehnung des Universums, von dem Urknall hin zur vermuteten Wiederzusammenschrumpfung, das Phänomen der Resonanz oder die immer steigenden unterirdischen Spannungen, die in Form von Erdbeben sich auflösen. Alle natürlichen Maximierungsprozesse scheinen deren Ende in sich „eingebaut" zu haben, oder mindestens treffen sie immer auf Umstände, die deren Ende verursachen. Unverkennbar agiert in der Natur ein *autoregulatives* Prinzip. Die Natur ist klug genug, um der Maximierung einen Riegel früher oder später vorzuschieben.

Nicht immer so der Mensch! Die von ihm angefangenen – also gewollten – Maximierungsprozesse dauern so lange wie dieser Wille vorhanden ist. Sie können jedoch vom Menschen selbst, durch Vernunft und Einsicht, davon Abstand zu nehmen und nicht weiter mit der Unendlichkeit zu spielen, gestoppt werden. Die Vernunft kann in diesem Prozess *regulativ* einschreiten. Stoppt der Mensch nicht rechtzeitig die von ihm angezettelten Maximierungsprozesse, werden sie später, dank des Naturgesetzes (Nichts kann unendlich wachsen), trotzdem ein Ende finden. Aber dieses Ende kann, wie oben gesagt, „Explosion oder Implosion, d.h. Zusammensturz und Funktionalitätsunfähigkeit des Maximierten" bedeuten. Anhand verschiedener fataler Börsenzusammenstürze, gigantomanischer und letztendlich ungelungener Konzernerweiterungen und vor allem anhand der aktuellen weltweiten Finanzkrise haben wir leider dieses Phänomen feststellen können. Hier interessieren uns ausschließlich die vom Menschen gewollten und initiierten Maximierungsprozesse, weil sie moralische und ethische Bedeutungen erstes Ranges haben.

Verführung. Jemanden *ver-führen* bedeutet jemanden verleiten, verlocken. Der Partikel *ver* funktioniert hier eindeutig im Sinne des Abweichens von einer Richtung. Ver-führung ist Führung in einer abweichenden Richtung. Von welcher „Richtung" weicht der Verführte ab? Es ist klar: er wird von der ursprünglichen Richtung seiner Interessen, Gedanken, Handlungen und des Willens abweichen. Verführung gleicht einer Manipulation des ursprünglichen Willens; insofern funktioniert sie wie eine Weiche. Wohin werden die Interessen, Gedanken, Handlungen und der Wille des Verführten geführt? Natürlich in Richtung des Verführerischen. In den meisten Fällen übt das Verführerische eine Faszination auf den Verführten aus: Verführung beinhaltet notwendigerweise Faszination, sie stützt sich sogar auf diese. Es ist gerade die Faszination, die die Vernunft des Verführten außer Gefecht setzt. Wie trunken richtet sich der Wille des Verführten ständig und aufdringlich auf das, was ihn verführt hat. Es ist in der Natur der Sache, dass der Verführte dazu neigt vom Verführerischen Besitz zu ergreifen. Das heißt, die Ver-führung veranlasst den Verführten, das Verführerische, als Objekt der Begierde, zuerst in seine Interessens- Handlungs- und

Willenssphäre ein-zu-fügen, um darüber beliebig zu ver-fügen. Verführung paart sich mit Ver-fügung. Die Verfügung über das Verführerische unterstützt und lässt wieder aufs Neue die Verführung selbst aufflammen. Verführung will ständig maximiert werden. Verführung und Verfügung schaukeln sich gegenseitig hoch und erzeugen einen sogenannten Teufelskreis. Verfügung (über das Verführerische) ist die Treibkraft der Verführung und bildet zusammen mit dieser ein mehr oder weniger *autogenes* System. In der Verwirklichung der Verführung durch Verfügung gründet sich auch der ominöse Mechanismus der Drogenabhängigkeit – egal von welchen Drogen die Rede ist. Wie im Falle der Maximierung, könnte nur die Vernunft (unter Umstände auch Therapien) hemmend und somit *regulativ* in diesen Prozess einschreiten.

Bis hierher ist es hoffentlich klar abzulesen, dass die beiden Prozesse – die vom Menschen gewollte *Maximierung* und die *Verführung* – sich in einem Punkt unterscheiden: die Maximierung ist Wille des Menschens, während die Verführung ver-führt d.h. von seinem Willen abweicht. Auf der anderen Seite es ist hoffentlich wiederum klar, dass die beiden Prozesse in einem gewissen Sinne *autogen* sind, also sie erfinden und legitimieren sich selbst immer aufs Neue, und, dass die beiden nur von der Vernunft gestoppt, d.h. *reguliert* werden können, es sei denn sie finden ein Ende auf natürlichem Wege.

Aber das ist bei weitem nicht alles, was über *Maximierung* und *Verführung* zu sagen ist! Auf dem Aktivitätsfeld der Maximierung agiert auch die Verführung. Jede geschaffte, erfolgsgekrönte Maximierungsstufe erzeugt die Verführung, weiter zu maximieren – und das nicht zuletzt weil die gewollte Maximierung immer ein *Verfügen* über etwas bezweckt. So sind wir wieder bei der Treibkraft der Verführung – dem Verfügen – gelandet. Der Kreis scheint geschlossen zu sein. Wir brauchen keine spekulativen Feinheiten mehr – etwa wer, wen oder in welcher Reihenfolge und welchem Ausmaß konditioniert. Wir können mit Fug und Recht sagen: Maximierung zieht Verführung mit sich, und Verführung verlangt nach Maximierung. Auch wenn wir sagen *Verführung der Maximierung und Maximierung der Verführung* – was eigentlich der Titel dieser Schrift sein könnte – so ist es ebenso korrekt. Es ist sinnvoll noch zu vermerken, dass der Prozess Verführung-Verfügung wie ein Subsystem in dem Großsystem Maximierung-Verführung betrachtet werden kann. Sehr oft ist das Subsystem Verführung-Verfügung die Treibkraft des Aktionsmusters (oder Großsystem) Maximierung-Verführung. Die Verführungskraft der Maximierung ist eben die Komponente, die sich dem Versuch der Vernunft, *regulativ* einzuschreiten, widersetzt. Die Verführung prägt *antiregulativ* das ganze System.

Der Maximierungswille ist ebenso alt wie die Menschheit selbst. Man braucht nur den in der Geschichte andauernden Drang zur Territorien- und Machterweiterung zu erwähnen, und schon hat man eine beachtlich lange Liste der Großaktionen, die unter dem Zeichen der Maximierung stehen. Alexander der Große hat es vorgemacht, es folgten ihm die Römer und danach fast alle europäischen und nicht nur europäischen Kaiser oder Könige, bis hin zu Hitler oder den roten „Fürsten" der Sowjetunion: Alle waren von der Maximierung verführt, sie waren ihre Opfer, und zugleich haben sie dafür viel Blut geopfert – nicht das eigene, versteht sich! Auch die Globalisierung ist mindestens mit verursacht und mitgetragen von dem Maximierungswillen. Sogar in seinen früheren Phasen – z.B. die im 15. Jahrhundert angefangene „systematische" Entdeckung neuer Territorien und deren Anschließung an die „Mutterländer" – ist die Globalisierung ein Streben danach, mehr Land, mehr Macht und mehr Waren zur Verfügung zu haben, was nichts anderes ist als der Wille, zu maximieren, was man schon hat.[3]

Die mit Legenden umhüllten, hochgelobten Schifffahrten der spanischen und portugiesischen Konquistadoren und auch manche missionarisch-kolonialistische terrestren „Ausflüge" verschiedener Nationen Europas waren bestimmt keine Unternehmungen der Selbstlosigkeit und Großzügigkeit, sondern allesamt eindeutig vom Maximierungswillen geprägt. In diesem Zusammenhang spricht der Philosoph Peter Sloterdijk sogar von Globalisierungskriminalität. Verglichen mit den früheren Phasen, zeigt sich die aktuelle Phase der Globalisierung viel raffinierter. Sie verzichtet (nach einigen Meinungen nicht komplett!) auf die Waffen und das Blutvergießen. Tätig überwiegend in Wirtschaftbereich schafft die Globalisierung heute sogar eine Serie von Vorteilen

---

[3] Eine ausführliche und sehr kompetente Darstellung und Analyse des Phänomens Globalisierung von seiner Anfänge bis heute ist in Peter Sloterdijks Buch *Im Weltinnenraum des Kapitals* zu lesen. Suhrkamp Verlag, 2005.

für fast alle Beteiligten (nicht wirklich für alle!). Aber gerade weil sie auf dem Prinzip der Maximierung ruht, ein Prinzip das sich seinerseits auf die Verführung des Habens gründet, stellt die neueste Globalisierung auch ungeahnte Gefahren dar. Das letzte und tragischste Beispiel ist die aktuelle Finanzkrise, die eine weltweite wirtschaftliche Rezession verursachte. Denn die Finanzkrise ist mit Sicherheit eine Konsequenz der Globalisierung – der Globalisierung/Maximierung der Finanzmärkte und Systeme.

Nicht aus Vorsichtigkeit oder Feigheit, sondern vor allem aus Mangel an Fachkenntnissen im Finanzbereich möchte ich mich hier nicht festlegen, ob die Finanzkrise im Bereich der Globalisierungskriminalität einzustufen ist – ich überlasse es lieber dem Ermessen des Lesers. Ein Aspekt ist aber außer jeder Frage: Die Finanzkrise ist von Gier angetrieben und auch betrieben. Was ist die Gier, wenn nicht die nächststehende Verwandte der zügellosen Maximierung?

Im Sinne des oben aufgestellten Mechanismus – ungezügelte Maximierung getragen von Gier und der antiregulativ wirkenden Verführung des Habens – ist es naiv zu glauben, dass die Hauptakteure der Maximierung in der Finanzwirtschaft von der Vernunft wach gerüttelt werden und freiwillig dem Prozess ein Ende setzen. Wer sollte denn regulativ eingreifen, bevor es zu spät ist und die Natur ein Ende herbei führt, das „Explosion" oder Implosion" des Maximierten bedeutet? Eindeutig ist der Staat derjenige, der die Rolle der Vernunft übernehmen und in ihrem Namen agieren muss. Kein Wunder, dass nach der katastrophalen Finanzkrise die Ideen von John Maynard Keynes, der für eine regulative Funktion des Staates in Kapitalismus plädierte, wieder Gehör finden.[4]

---

[4] Der berühmte Ökonom, Philosoph und Mathematiker (1883-1946) sagte u.a. *Der Kapitalismus basiert auf der merkwürdigen Überzeugung, dass widerwertige Menschen aus widerwertigen Motiven irgendwie für das allgemeine Wohl sorgen werden* – die traurige Bestätigung kam endgültig in unseren Tagen! Keynes sollte auch über ein *„animal spirit"*, das in Kapitalismus unberechenbar und irrational, ähnlich einem Herdentrieb nach Geld strebt, gesprochen haben. Über dieses Thema sind schon unzählige Beiträge erschienen. Ich empfehle u.a. die Darstellung der Problematik von Cordt Schnibben in DER SPIEGEL (Nr.20/11.05.09), wovon ich dieses Zitat übernommen habe.

Die Tendenz zu maximieren ist viel mehr verbreitet, als man beim ersten Blick glauben kann. Im Grunde steckt hinter allen Übertreibungen und ununterbrochenen Steigerungen als Verursacher und treibender Agent die Maximierung. Es ist nicht mehr zu leugnen, dass wir in einer Welt des immer Größeren, Schnelleren, Kräftigeren und Spaßmachenden leben; heute wird beinahe alles „super", „mega", „ultra", „turbo" und dergleichen, bis zur Grenze der Spracherschöpfung, wenn es gilt, es zu benennen. Auch wenn im einen oder anderen Bereich, in dem sie agiert, die Maximierung noch keine allgemeingefährlichen Konsequenzen hat, gilt ihre allgegenwertige Präsenz als ein aussagekräftiges Zeichen. Hier einige alltägliche Maximierungsbeispiele von den vielen, viel zu vielen, die es gibt:

Die Größe, Kraft und Höchstgeschwindigkeit der Privatautomobile sind in den letzten dreißig Jahren bis zu unnötigen, gefährlichen und absurden 300 Km/h. oder 500 und mehr PS. gestiegen. Die Muskelmasse der die einige „bewußtlebende" aber eindeutig narzisstische Männer sich in Fitness Studios mit Hilfe Anabolika einarbeiten ist oft bis zur Groteske und Ekelerregung maximiert; der schöne athletische Körper von Johnny Weissmüller (alias Tarzan), der die Bewunderung von Generationen auslöste, erscheint im Vergleich als unterernährt, sogar rachitisch. Der hochgepriesene, voll in Mode gekommene Adrenalin Kick, der eigentlich ein spaßbringendes Spielen mit der Lebensgefahr ist (!), hat in der letzten Zeit immer effizientere Maximierungsmittel gefunden: Die neuesten „mörderischen" Achterbahnen, das Bergwandklettern ohne jegliche Ausrüstung, das *Bungee-Jumping* (in die Tiefe springen, angebunden an einen elastischen Riemen) und eine Fülle von anderen gefährlichen Amüsements gehören jetzt zum *life style*. Was gestern spannend war, ist heute nur langweilig – Neues, noch spannender, muss her! Besonders in den sogenannten bildungsfernen Sozialschichten maximiert sich essen (sich ernähren) zur quasi unbegrenzten Fresserei und damit zur weit verbreiteten Fettleibigkeit, was die Gesundheitsbehörden zu Recht beunruhigt. Das geht häufig Hand in Hand mit der immer steigenden Anzahl der Stunden, die man bei fragwürdiger Unterhaltung vor verschiedenen Bildschirmen verbringt, was diesmal Psychologen, Soziologen und Pädagogen zu Recht beunruhigt. Ein Glas zu trinken, sogar eins zu viel, ist seit eh und je bei Jugendlichen bekannt, aber das heutige Wettrinken bis zur Bewusstlosigkeit, verbreitet unter Fünfzehn-oder Sechzehnjährigen, ist nichts anderes als eine unakzeptable Maximierung. Maximierungen in trivialer Form! Auch das Morden erfährt in der Gesellschaft, sowohl was die Häufigkeit, als auch was die Grausamkeit und das Ausmaß betrifft, eine furchterregende Steigerung: Es gibt kaum eine Woche, in welcher nicht eine ganze Familie brutal ausgelöscht wird, oder eine Mutter, die ihr eigenes Kind tötet. Kinderschändung mit anschließender Ermordung ist heute auch auf der Tagesordnung. So zynisch es klingen mag, es muss erwähnt werden: Der Serien- und Massenmord scheint in die „Mode" zu kommen, und wird recht beeindruckend, wenn er von Minderjährigen ausgeübt wird. Im Vergleich erscheint der legendäre Jack the Ripper als ein „braver Junge"! Maximierung der Skrupellosigkeit und der Grausamkeit! Etwas heiterer wirkt die Tatsache, dass der moderne Mensch, um seinem Spaß an Maximierung Ausdruck zu verleihen, auf den Mythos Maschine greift. Die Maschine, bekannt als Verlängerung und Verstärkung der gewöhnlichen Kräfte und Fähigkeiten, kommt zu Hilfe: Ein scharfer Hund wird Kampfmaschine genannt, ein besseres Fahrrad Rennmaschine usw. In der Popsubkultur (Songtexte) möchten Frauen wie von einer Liebesmaschine (*love machine*) geliebt werden. Nicht zu vergessen sind die Tätigkeiten, die „Geldmaschinen" heißen. Neben all diesen stupiden, abstrusen, grausamen oder perversen Übertreibungen / Maximierungen erscheint der Fakt, dass der Papst Johannes Paul II mehr Selig- und Heiligsprechungen als alle seine Amtsvorgänger zusammen gemacht hat, eher als eine nette und harmlose Pikanterie. Aber Maximierung ist das auch. Merkwürdig... sehr merkwürdig: Nur die Allgemeinbildung, d.h. die Bildung, die das fruchtbarste Beet für die spätere Fachausbildung ist, entzieht sich leider dem weit verbreiteten Maximierungswillen. Was für ein schöner Reisepass in die Zukunft für die moderne Gesellschaft!

Eine Unersättlichkeit in fast allen Bereichen, von der Finanzindustrie, über Ernährung, Spaß, widerwärtige Instinkte bis hin zu inflationären Heiligsprechungen ist in unserer Gesellschaft nicht mehr zu übersehen. Alles, was den Mensch kitzelt und seinem verblendeten oder gar erblindeten Ego schmeichelt, wird munter maximiert, so lange und so weit „wie das Zeug hält". Diese Tatsache veranlasst mich, den modernen *Homo*, neben den edlen Beinamen wie *sapiens* oder *faber*, auch

Homo bulimus zu nennen. (Die Wortbildung stützt sich auf Bulimie – unkontrollierte, neurotische Nahrungsaufnahme, eben Unersättlichkeit). Ungezügelte Maximierung heißt, an die Limits, an die Grenzen zu streben. Der Maximierungs*bulimus* kratzt die Grenzen an, um kurz danach, ja, sie zu durchbrechen. So werden die Grenzen immer weiter verschoben, um sie wieder zu durchbrechen. Eindeutig ist Maximierung ein *expansiver* und *invasiver* Prozess. Im Falle der Wissenschaft können wir mit Recht die Grenzen auch Horizonte nennen. Wenn die Wissenschaft Horizonte durchbricht und immer weiter verschiebt, kann es, wohl gemerkt, bis zu einem Punkt (!) gut gehen und vorteilhaft für alle sein. Alle anderen ungezügelten, d.h. *bulimischen* Maximierungen verletzen durch deren expansiv-invasiven und autogene Entwicklung die Grenzen, die die Vernunft definiert.

Viele Analytiker sind der Meinung, dass die ständige Missachtung und Durchbrechung der Grenzen – sprich: die ungezügelte Maximierung – ein typisch abendländisches Phänomen sei. Hier ist nicht der Ort, wo ich mich diesbezüglich festlegen kann und will. Ich meine aber, dass Europa mindestens vorgemacht und vorgezeigt hat, wie es mit der Maximierung und der Verführung, die sie erzeugt, steht. Denn jetzt sind auch die anderen Zivilisationen von der Maximierung voll infiziert. Zu diesem Thema könnte der Leser sich selbst Fragen stellen und Antworten geben: z.B. warum im Jahre 1997 die britische Kolonie Hongkong an China zurückgegeben wurde und nicht etwa die chinesische Kolonie „Britannia" an England?

Zum Schluss kann ich nicht widerstehen, ein Zitat aus dem Essay des französischen Essayisten und Dichters Paul Valery *La crise de l'esprit* (Die Krise des Geistes) einzufügen: *Überall, wo der europäische Geist herrscht, erscheint das Maximum an* Bedürfnissen, *das Maximum an* Arbeit, *das Maximum an* Kapital, *das Maximum an* Renditen, *das Maximum an* Ehrgeiz, *das Maximum an* Macht, *das Maximum an* Naturveränderung, *das Maximum an* Verbindungen *und* Austausch. *Diese Gesamtheit von Maximum ist Europa, oder sein Bild.* Das hat der Gelehrte ganz am Anfang des 20. Jahrhundert geschrieben!

Maximierung und *Verführung* – zwei Begriffe, die sich bedeutungsmäßig gegenseitig klären und ergänzen, nur weil, was sie bezeichnen, untrennbar zusammenhängt.

Wert, Optimum, Krise

Es ist die aktuelle Situation (Finanzkrise und ihre Konsequenzen), die mich zur Analyse dieser drei Begriffe veranlasst hat. Jedoch werde ich nicht auf die Finanzkrise eingehen, denn sowohl im Allgemeinen, als auch in diesem Buch, war schon sehr viel darüber die Rede. Ich möchte mich hier darauf beschränken, eine theoretische Antwort-Skizze auf die Frage zu geben, wie nuancieren sich gegenseitig die haupt- und unterschwelligen Bedeutungen dieser drei Begriffe. Zuerst eine allgemeine Erörterung der Wortbedeutungen:

-*Wert*. Das Wort ist in vielen Bereichen und Fachsprachen weit verbreitet. Deswegen kann dieses Wort ohne zusätzliche Spezifikationen, in welchem Sinne es benutzt wird, sogar konfus erscheinen.

Ursprünglich ist *Wert* nur im wirtschaftlichen Bereich angewendet worden; z.b. Marktwert, Tauschwert und auch Gebrauchswert (Adam Smith: *value in use*). Der Gebrauchswert ist primär von der praktischen Nützlichkeit bestimmt, aber kann auch emotional determiniert werden (siehe Erinnerungswert, Liebhaberwert aber auch die Moden); in diesem Fall weicht er stark von dem Nützlichkeitswert ab. Es kann nicht übersehen werden, dass bei der Bildung des Wertes im wirtschaftlichen Bereich immer *variable Komponenten* mitmischen: das Spiel Angebot-Nachfrage im Allgemeinen und auch persönliche psychologische Faktoren. Der Wert einer Ware ist nicht in dieser enthalten, er ist nicht immanent, sondern wird vom potentiellen Käufer und Verkäufer immer wieder neu gebildet.

Die Philosophie übernimmt erst im 19. Jahrhundert von der wirtschaftlichen Sprache den Begriff *Wert*. Es ist der Verdienst des Psychologen und Philosophen Rudolf Hermann Lotze, diesen Begriff außerhalb des Marktbereiches zu thematisieren. Er ist der Meinung, dass eine philosophische Betrachtung neben den Kausalzusammenhängen auch die Sinn- und Zweckzusammenhänge jedes Phänomens ausdeuten muss. Er unterscheidet sogar drei „Reiche": das der Wirklichkeit als Bereich der Kausalbetrachtung, das der Wahrheit als Bereich der Sinnzusammenhänge und auch das „Reich der Werte", der durch die Betrachtung und Analyse der Zweckzusammenhänge ausgedeutet werden kann. Den *Wert* in Zusammenhang mit dem *Zweck* zu definieren, ist eigentlich eine teleologische Idee[5], die schon in der Antike (z.B. Aristoteles) angenommen worden ist; der Hauptunterschied ist, dass Lotze und die nach ihm gefolgte Wertphilosophie den antiken Begriff *das Gute*, als Eigenschaft und obersten Zweck, mit dem Begriff *Wert* ersetzt.

Mit Lotze und besonders nach ihm entwickelt sich eine Wertephilosophie, die auffallend reich an Beiträgen unterschiedlicher Richtungen, Auffassungen und Visionen ist. Im Neukantianismus wird sogar die Philosophie im Allgemeinen als Wissenschaft vom Werte verstanden. Der Neukantianer Nicolai Hartmann oder die Philosophen gleicher Gesinnung in der Heidelberger Schule, vor allem Heinrich Rickert und Wilhelm Windelband, aber auch die nicht dem Neukantianismus angehörenden Max Scheler, Nietzsche, Edmund Husserl bis in unsere Tage mit dem Kommunitaristen Charles Taylor – um nur einige zu nennen – haben richtunggebende Ideen über Werte vertreten. Alle diese Theorien haben mindestens zwei wichtige gemeinsamen Merkmale: 1) Nach einer axiologischen Betrachtung der Werte, d.h. einer formalen Theorie der Werte im allgemeinen, konzentrieren sie sich auf die moralischen und ethischen Werte, was in der Regel zur Tugendethik und Tugendlehre führt (diesbezüglich siehe auch meinen Text *Tugend, Tüchtigkeit, taugen, gut*). 2) Ob es um Ablehnen, Befürworten oder gar Ergänzung und Nuancierung geht, alle Wertphilosophien berufen sich direkt oder indirekt auf mindestens einen der großen Vordenker in diesem Bereich: Platon (*Politeia*), Aristoteles (*Die Nikomachische Ethik*), Kant (*Kritik der praktischen Vernunft*) und Hegel (u.a. *Grundlinien der Philosophie des Rechts*).

Die philosophisch ausschlaggebende Frage aller Werttheorien ist: ob die Werte außerhalb des Subjektes angesiedelt sind, etwa in den Phänomenen selbst oder in einem sogenannten „Reich der Werte" (Lotze) und damit unabhängig von ihm sind, oder sind Werte ausschließlich Sache des Subjektes, definierbar und auch erreichbar von diesem, direkt konditioniert von seiner Erkenntnis und seinem Bedürfnis. Anders ausgedrückt: ob ein Wert ein Gut an sich ist, oder ein menschliches, praktisch erreichbares und bedürfniserfüllendes Gut ist.

---

[5] Teleologie: die Betrachtung der Dinge unter dem Gesichtspunkt der Zweckmäßigkeit. (gr. *telos* bedeutet Ende, Ziel, Zweck, Vollendung)

Wir lassen alle Typen und Ursprünge von Werten außer Acht, die die Wertphilosophie im Laufe der Jahre auserkoren hat. Wir behalten hier nur die mehrheitlich angenommene Position, dass ein Wert nicht ein Gut an sich, sondern ausschließlich Sache des Subjektes ist, d.h. der Mensch kann, direkt konditioniert von seiner Erkenntnis und seinem Bedürfnis einen Wert definieren und auch erreichen. Daraus ergeben sich folgende Grundsätze: Werte sind Eigenschaften, die von einer oder mehreren Personen geschätzt und gewünscht werden. *Der Wert eines Dinges ist seine Begehrbarkeit* (Christian von Ehrenfels). Werte sind immer ein Ergebnis der Bewertung. Im ethischen Bereich sind die Werte zweifelsohne zu erreichende *Ziele* (z.b. ich möchte in meinen Handlungen Gerechtigkeit walten lassen), aber es können auch *Mittel* zur Erreichung eines höher gesetzten, übergeordneten Wertes als Endziel sein (z.b. durch die Gerechtigkeit meiner Handlungen trage ich zur Erreichung einer Gesellschaft des Guten bei). Deswegen ist, besonders in diesem Bereich, jede Wertanalyse notwendigerweise eine teleologische Betrachtung.

Bei dem Begriff Wert muss noch erinnert werden, dass er auch in anderen Bereichen angewendet wird: die relative Dauer der Töne nennen die Musiker Wert; die Helligkeit oder Dunkelheit der Farbtöne, aber auch deren Sättigung, wird in Bildenden Künsten ebenso Wert genannt; die Mathematiker sagen über eine Unbekannte oder über den Status einer Variablen, es seien Werte.

Wichtig für uns in diesem Text ist auch die Anwendung des Begriffes Wert in der technischen und medizinischen Sprache. Physikalische und chemische Eigenschaften eines Teils eines Systems (z.B. die Kurbelwelle in einem Motor oder das Blut im menschlichen Körper) sind auch Werte (z.B. mechanische Belastbarkeit, elektrischer Widerstand, PH-Wert, Blut- oder Knochendichtewerte etc.).

-*Optimum.* Der Begriff bezeichnet eine günstigste Lage oder Verhältnis, einen Bestfall. *Optimierung / das Optimieren* heißt das Beste herausholen, etwas so gut wie möglich gestalten. Optimum ist der wünschenswerte, ja, sogar ideale (optimale) Zustand oder die Eigenschaft von etwas. Weswegen ideal, erstrebenswert und wünschenswert? Eindeutig, um einen Zweck zu erreichen. Ohne Verbindung mit Zweckmäßigkeit ist Optimum eine Absurdität. Optimum fällt in die Sinnsphäre des Zielerstrebens- und Erreichens und damit auch in die der Werte, denn diese letzteren, wie oben gezeigt, sind Ziele und zugleich Mittel zur Zweckerfüllung. Noch mehr: *optimal* kann Prädikat der Werte sein. Nur optimale Werte führen zur Zweckerfüllung. Optimale Werte sind das Bindeglied zwischen dem Erstreben und Erreichen eines Zieles. In dem speziellen Bereich der Ethik ist die Verbindung Optimum-Wert noch rigoroser: Die Eigenschaften, die nicht optimal zur Erfüllung eines übergeordneten Zieles sind, können nicht Werte genannt werden – sie disqualifizieren sich! Unverkennbar führt auch die Bedeutungsanalyse des Begriffes Optimum zur einer teleologischen Betrachtung.

Über *Optimierung* ist noch zu bemerken, dass sie ein von der Vernunft kontrollierter Prozess ist, denn sie will einen *den Umständen entsprechend* best*möglichen* Zustand erreichen; ist dieser einmal erreicht, hört ihre Aufgabe vorerst auf. Im Gegensatz zur Maximierung, die ein autogener Prozess ist, immer wieder von Verführung angetrieben, setzt sich die Optimierung selbst Grenzen. Deswegen behaupte ich, dass die *Optimierung* eine Art von *Maximierung* ist, die aber vernunftgesteuert und frei von verirrenden emotionalen Komponenten (siehe auch *Maximierung, Verführung*) ist.

-Krise. Allgemein bekannt ist, dass Krise eine Störung, eine Limitsituation im Negativen, ja, sogar ein Zusammenbruch ist. In fast allen Bereichen können Krisen entstehen: Medizin, Wirtschaft, Politik usw. Jeder Arzt, Wirtschafts- oder Politikwissenschaftler kann wohl die Entstehung einer Krise beschreiben und ggf. auch erklären. Wir fragen uns aber, wie man die Entstehung einer Krise in philosophischer Perspektive erklären könnte, so dass eine solche Aussage für mehrere, wenn nicht sogar für alle Bereiche Gültigkeit hat. Dafür wird uns die Etymologie behilflich sein. Dieses weit verbreitete Wort, *Krise*, kommt in die modernen Sprachen über das lateinische *crisis*, das von dem griechischen *krisis* – κρίσις – (Scheidung, Entscheidung) abstammt. Der Ursprung von *krisis* ist das Wort *krino* (κρίνω), dessen Hauptbedeutung, unter vielen anderen, die hier absichtlich beiseitegelassen werden, auch *trennen* ist. Diese Nuancen berücksichtigend könnte man den Begriff Krise wie folgt frei interpretieren: Krise bezeichnet einen Punkt in der Evolution einer Situation, wo eine Trennung oder Scheidung von etwas stattfand; ein entscheidender Punkt, der auch eine Entscheidung verlangt. Dass eine Krise ein entscheidender Punkt ist und auch manchmal dringende und radikale Entscheidungen verlangt, ist mehr

als klar. Bleibt zu klären, was für Trennungen oder Scheidungen in einer Krise stattfinden und ob diese nicht sogar Verursacher sind.

Eine „Situation" in deren Evolution eine Krise stattfinden kann, ist eigentlich ein System im Sinne eines Gefüges von Teilen, die voneinander abhängig sind, ineinander greifen und zusammenwirken. Sollte einer der Teile nicht die richtigen Eigenschaften für das Zusammenwirken haben, ist die ganze Funktionalität des Systems gefährdet. Das System erlebt eine Krise – es ist nicht mehr fähig, seinen Zweck zu erfüllen. Die „richtigen Eigenschaften" eines Teils sind nichts anderes als seine *optimalen* Werte. Es ist einleuchtend: Im Falle einer Krise *trennen* sich Teile des Systems, und dadurch auch das Ganze, von gewissen Werten. Wie das Wort selbst sagt: *Krise ist Trennung von optimalen Werten.*

Mag sein, dass diese Deduktion beim ersten Blick nur für Werte im Bereich der Technik oder der Medizin zu gelten scheint. Falsch! Außer dem Bereich der Mathematik, wo eine Unbekannte oder der Status einer Variablen auch „Werte" genannt werden, gilt die Aussage „Krise ist die Trennung, bzw. die Vernachlässigung der Werte" überall. Wenn sich in Wirtschaftssystemen die Preise von einem sowohl für Verkäufer als auch für Käufer hinnehmbaren d.h. idealen /optimalen Wert trennen, entsteht eine Krise, die Inflation oder Deflation heißt. In Sozialsystemen verursacht die Trennung von vorgenommenen, angestrebten moralischen und ethischen, aber auch ästhetischen und kulturellen Werten auch eine Krise, die das Verfehlen des obersten Zieles, das zugleich der übergeordnete Wert ist, bedeutet. Die Konsequenzen können früher oder später gravierend sein. Auch in Farb- oder Tonsystemen (sprich Malerei und Musik) wenn der Künstler einen gewünschten, optimalen Wert nicht erreicht oder vernachlässigt, kann es zu einer Krise führen – einer Krise des Ausdruckes. Was die Trennung von den durch Verstand definierten und angestrebten Werten in der Technikwelt bedeutet, bedarf keiner Erwähnung mehr. Ebenso die Trennung von den optimalen Werten im menschlichen Organismus (da entstehen auch die befürchteten Krisen!).

Gar keine Frage: eine Krise ist immer eine Wertekrise. Dagegen sind die Definierung der Werte und das Erstreben, sie zu erreichen oder beizubehalten, Grund und Träger der meisten menschlichen Aktivitäten. Wissend oder unwissend versucht der Mensch immer den einen oder anderen Wert zu erreichen – auch wenn von ganz persönlichen Gelüsten, die subjektiv gesehen auch Werte sind, die Rede ist. So lange Eigenschaften von etwas als Werte wahrgenommen werden – also für „Wertvoll" gehalten – sind sie auch erwünscht und angestrebt. Werte anstreben ist nichts anderes als Gewünschtes in Erfüllung gehen zu lassen. Erreichte Werte sind verwirklichte Wünsche. Werte sind immer an den Willen zur Verwirklichung gebunden! Jetzt ist die Verbindung der Werte mit deren Zweckmäßigkeit noch deutlicher geworden und damit auch die Notwendigkeit einer teleologischen Wertebetrachtung.

Im Gegensatz zu den Werten, die in der Natur vorhanden und absolut unabhängig von dem Menschen sind, etwa Eigenschaften aller Dinge von Mikro- bis zu Makrokosmos, sind die vom Mensch definierten und angestrebten Werte im Bereich der Kultur einzuordnen – eben kulturelle Werte (Kultur im weitestem Sinne des Wortes d.h. alles, was vom Menschen gemacht ist, als Gegenpart zur „vorgegebenen" Natur). Aufgrund welcher Kriterien und durch welche Methoden werden die kulturellen Werte definiert? Das ist eigentlich die Zentralfrage jeder Werttheorie. Wir brauchen hier nicht auf Einzelheiten einzugehen und nicht mal eine Übersicht aller Theorien zu liefern. Wichtig ist nur, dass die Definierung der Werte in teleologischer Perspektive vorgenommen wird. Die Zweckmäßigkeit ist ausschlaggebend. Der übergeordnete Wert als Endzweck bestimmt alle anderen Werte in einem Bereich. In der Regel ist der Endzweck das Gute. Hier drei Beispiele für die Bestimmung der Werte:

    a. Es ist evident, dass in technischen Systemen das Gute als Endzweck in erster Linie mit der Funktionalität identisch ist. Die Funktionalität ist das Hauptkriterium, auf welchem *der Verstand* alle Werte des Systems definiert (Effizienz, Ressourcen- und Umweltschonung sind zwar wichtig, jedoch Sekundärkriterien).

    b. In der Kunst ist das Gute als Endzweck die Aussagekraft des Werkes. Folglich ist die Ausdruckskraft das Kriterium, auf welchem *die Empfindung* des Künstlers die dazu beitragenden Werte bestimmt.

    c. In moralisch-ethischem Bereich ist der Endzweck selbst das Gute, als *höchstes Gut* aufgefasst – höchstes Gut für den Menschen und seine Gesellschaft. Genauso wie Kant verlangte, erkennt und definiert *die Vernunft* sowohl die Werte, die zu diesem Endzweck beitragen, als auch das höchste Gut selbst.

Bis hier ist alles klar und nachvollziehbar, wie die Werte definiert werden. Die Welt scheint auf ewig in Ordnung zu sein, denn alle Werte hören auf das Gebot des Guten und streben das höchste Gut. Es ist aber nicht immer und überall so! Es genügt eine absichtliche oder sogar unabsichtliche falsche Auffassung des übergeordnetes Wertes als Endzweck oder schlichtweg eine Missachtung dessen und alle anderen Werte bekommen einen ganz unterschiedlichen Sinn.

a'. Auch wenn so ein Phänomen im Bereich der t e c h n i - s c h e n   S y s t e m e undenkbar ist – denn die Funktionalität als Endzweck abzuschalten hieße z.b. Automobile, die nicht fahren können, zu bauen – in allen anderen Wertsystemen ist eine solche Pervertierung durchaus möglich.

b'. Vorwiegend in der k ü n s t l e r i s c h e n Avantgarde wurde die Aussagefähigkeit- und Kraft des Werkes als Endzweck nicht selten missachtet, was zu hermetischen, ja, unverständlichen Kreationen führte. Zur rettenden Auslegung und Erklärung musste jedes Mal die Theorie als hermeneutisches Agens rücken. Diese merkwürdige Situation nennt Peter Sloterdijk ein *halb amüsanten, halb perverses Bündnis zwischen der Hermetik und Hermeneutik"*, wo *„die eine* (also die Kunst) *die Aussage verweigert, die andere erklärt, was es bedeutet.*[6]

c'. Nicht mehr amüsant, sondern allemal pervers und hochgefährlich ist eine falsche Auffassung des höchsten Gutes als Endzweck und Definitionskriterium aller Werte in m o r a l i s c h e n   u n d   e t h i s c h e n Systemen. Man sollte nur einen Augenblick an die Diktatur- und Terrorregime aller Art, an die religiös-expansionistischen Ideologien oder auch an Gesellschaften wie die berühmte Stasi denken und sofort wird man erkennen, dass höchstes Gut

---

[6] Peter Sloterdijk, *Kopernikanische Mobilmachung und ptolemäische Abrüstung*, Suhrkamp Verlag, 1987 (S.37)

und Endzweck, sowie auch alle Werte solcher Sozialgebilde besonders sinnmäßig (nicht immer in Form!) stark abweichen von dem was die Vernunft erkennen und formulieren kann.

Wenn die falsche Auffassung und Pervertierung der Werte empörend ist, ist die *Missachtung* der von der Vernunft erkannten und definierten Werte tief enttäuschend. In einer Zivilisation wie der unseren (die sogenannte „abendländische") sind durch Vernunft, und zwar korrekt, der Endzweck und die dazu gehörenden und dahin führenden moralisch-ethischen Werte unmissverständlich festgelegt. Sie sind im Grundgesetze verankert und prägen den Sinn der sonstigen Gesetzgebung. Alles mit dem Ziel, eine humanistische Gesellschaft zu erreichen, wo die Wahrheit, das Recht und die Gerechtigkeit, die Würde des Menschens, seine Chancen sich zu verwirklichen und nicht zuletzt die Freiheit herrschen. Man weiß, es hat viel Zeit, viel Kampf und viele Opfer gekostet, um so eine Gesellschaft zu erreichen. Jetzt ist sie da, die wunderbare Gesellschaft, und es sieht so aus, als befänden wir uns auf dem sicheren Weg in Richtung *höchsten Gutes*. Es ist leider nicht vollkommen wahr! Obwohl diese Werte und Ziele von der überwiegenden Mehrheit akzeptiert und prinzipiell auch erstrebt sind, ist in der Praxis des Alltags zu beobachten, dass die gleichen Werte missachtet werden. Die ungerechte und unfaire Vorteilnahme, manchmal durch brutalste Mittel erzielt, die Lüge, zu Betrug förderndem System erhoben, die alltägliche Beleidigung und Erniedrigung sind nur die ersten Punkte einer beachtlich langen Liste der Negativerscheinungen. Auch bei höchster Toleranz und höchstem Verständnis kann man solche Phänomene nicht mehr als isolierte Ausnahmen betrachten. Theoretisch voll akzeptiert wird in der Praxis die moralische und ethische Achse des Menschens und der Gesellschaft nur gelegentlich und opportunistisch appliziert – eben nur da, wo es unbedingt nötig oder vorteilhaft ist – sonst sogar missachtet.

Eine völlig falsch verstandene Freiheit des Individuums und sein Recht auf Persönlichkeitsentfaltung wird zum Freibrief, mehr auf die animalischen Instinkte, auf die persönlich-egoistischen Neigungen und Gelüste zu hören, als auf die Prinzipien, die zugunsten der ganzen Gesellschaft da sind.

In *Kritik der praktischen Vernunft* sagt Immanuel Kant über dieses Problem[7]: *Alle Neigungen zusammen ... machen die Selbstsucht (Solipsismus) aus. Diese ist entweder die der Selbstliebe, eines über alles gehenden Wohlwollens gegen sich selbst (Philautia), oder die des Wohlgefallens an sich selbst (Arrogantia). Jene heißt besonders Eigenliebe, diese Eigendünkel* (129). Weiter sagt der Philosoph, dass auch die Selbstliebe, *wenn sie sich gesetzgebend und zum unbedingten praktischen Prinzip macht, Eigendünkel heißen kann* (131). Diesem *Hang sich selbst nach den subjektiven Bestimmungsgründen seiner Willkür zum objektiven Bestimmungsgrunde des Willens überhaupt zu machen* (131), kurzum dem Eigendünkel, tut das moralische Gesetz „unendlichen Abbruch" – wie der Ausdruck lautet. Also Kant stellt schon einen Konflikt fest zwischen den von Vernunft definierten und allgemein gültigen Werten und den subjektiv-egoistischen Neigungen von niedrigerer Art und Zweck. Obwohl das Hemmen der subjektiven Neigungen zugunsten des moralischen Gesetzes zuerst demütigt und überhaupt dieser Prozess schwierig ist, ist Kant überzeugt, dass der Konflikt überwunden wird und die praktische Vernunft gewinnt, so dass der Imperativ der moralischen Gesetze den Willen des Menschen bildet und ihm sogar *Achtung vor sich selbst* und *innere Freiheit* bringt. Wenn der Mensch es schafft, *sich von der ungestümen Zudringlichkeit der Neigungen dermaßen loszumachen, daß gar keine, selbst die beliebteste nicht, auf eine Entschließung, zu der wir uns jetzt unserer Vernunft bedienen sollen, Einfluß habe"*, wird ihm *„ein inneres, ihm selbst sonst nicht einmal recht bekanntes Vermögen, die innere Freiheit, aufgedeckt ... Das Herz wird doch von einer Last, die es jeder Zeit insgeheim drückt, befreit und erleichtert* (287). Nur so kann der Mensch dem Grundgesetz der reinen praktischen Vernunft, *Handle so, daß die Maxime deines Willens jederzeit zugleich als Prinzip einer allgemeinen Gesetzgebung gelten könne* (54) Rechnung tragen, d.h. *sich von aller sinnlichen Anhänglichkeit, so fern sie herrschend werden will, loszureißen und in der Unabhängigkeit seiner*

---

[7] Die folgenden Zitate sind von dem o.g. Werk übernommen. Die genaue original Seitenzahl (erste Ausgabe) ist am Ende jedes Zitates zwischen Klammern angegeben.

intelligibelen Natur ... reichliche Entschädigung zu finden (271-272). Wie schön! ...zu schön, um Wirklichkeit zu sein!

Tatsächlich wirft man heute Kants Theorie Formalismus, eine gewisse Starrheit und vielleicht auch eine utopische Nuance vor. Ich würde sagen, diese herrlichen Gedanken beinhalten volle philosophische Wahrheit, aber weniger praktische Wirklichkeit. Ist der oft erwähnten *animal spirit* daran schuld? Oder, wie Sloterdijk sagt, die Tatsache, dass schon in Zeiten der Antike das enthemmende Theater (Gladiatorenkämpfe / animalische Gelüste) den Wettbewerb mit dem hemmenden Buch (Kultur) endgültig gewonnen hat? Wie immer dem auch sei, der Kampf um den moralisch-ethischen Aufbau der Gesellschaft ist hoffentlich nicht schon verloren, aber mit Sicherheit noch nicht gewonnen. Und das verpflichtet!

Die Mühe galt in diesem Text, zu zeigen, dass faktisch und logisch der Begriff *Wert* in fast allen seinen Anwendungen mit dem Begriff *Optimum* verbunden ist; sollte es nicht der Fall sein, paart sich *Wert* mit dem Sinn des Wortes *Krise*. Dazu sollte klar werden, dass *Wert* fatalerweise ein relativer, variabler Begriff ist, es sei denn, die Vernunft tut ihr Werk.

Die hauptsächlich behandelten Begriffe

- Anfang(59)
- Blumen(7), bohnern(49), Burg(71)
- christliche Religion(71), *codex vitae*(71)
- Demokratie(21), Desillusion/Enttäuschung(57), Docht(33), Dorf(71)
- Ende(59), Etymologie(7), Evolution(63)
- Finanzkrise(81), Fotografie(49), Friedhof(59)
- Gärten(7), Geburt(59), Globalisierung(91), gut(29)
- Himmel(49), Hoffnung(59), *homo bulimus*(91)
- Ikonen(81), Illusion(57), Intelligenz(41)
- Kirche(71), Kirchen des Geldes(71) Konfusion(57), Kreis(63), Krise(99), Kunst(33)
- Legenden(81), Leid(37), leiden(37), Leidenschaft(37), Lektion(41), lesen(41), Licht(49), Linie(63), Luxus(49)
- Maß(25), Maximierung(91), Medien(81), Megastars(81), messen(25)
- Nation(19), *nooymenon*(49)
- oben(49), Optimum(99), Ordnung(63)
- Pathos(37), Phänomen(49)
- Realität(45), Religion(17), Revolution(63)
- Samen(7), Selektion(41), Sprache(7), Städtebau(71), Superstars(81)
- taugen(29), Technik(33), Text(33), Titanen(81), Tod(59), Tüchtigkeit(29), Tugend(29)
- Unendlichkeit(63), unten(49)

- Verfügung(91), Verführung(91), Vernunft (Attentat auf sie)(81), Vernunft (definiert die Werte)(99)

- Wahrheit(45), weben(33), Werk(45), Wert(99), Wirklichkeit(45), Wirkung(45), Wörter(7)

- Zaren(81), Zweck/Endzweck(99)

Kurze Biographie des Autors

Thomas Brandsdörfer wurde in Rumänien als Sohn eines Deutschen und einer Russin, die 1917 ihre Heimat verlassen musste, geboren. Seit 1969 ist er im Bereich der Kunst und der Kunsttheorie tätig, auch unter dem Pseudonym Vladimir Brânduş.

- Er war Schauspieler, Regisseur, Dramaturg und hat Bühnenbilder und Plakate entworfen. Seine Bühnenadaptation des Werkes *Lob der Torheit* von Erasmus von Rotterdam hat er in Deutschland uraufgeführt.

- In Schweden hat Thomas Brandsdörfer eine internationale Kunstgalerie gegründet und über mehrere Jahre geführt.

- Er hat zahlreiche Kommentare, Artikel und Studien über Kunst in Fachzeitschriften, im Fernseh- und Hörfunk veröffentlicht. In den 70-er Jahren hat er entscheidend bei der Gestaltung der Kunstseiten der Literaturfachzeitschrift *Steaua* in Cluj-Napoca (Klausenburg) mitgewirkt.

- 1979 veröffentlichte er ein kunsttheoretisches Buch: *Artă şi critică în perspectivă comunicaţională* (*Kunst und Kritik vom Standpunkt der Kommunikation*) (Eminescu Verlag, Bukarest).

- 2006 erscheint eine grössere Auswahl seiner Essays unter dem Titel *Eseuri – numite de autor şi Panseluţe* (*Essay's – vom Autor auch Stiefmütterchen genannt*) und die erste Auflage des Romans *Frumoasa insulă* (*Die schöne Insel*) (Clusium Verlag, Cluj-Napoca/ Klausenburg).

- 2007 erscheint eine Auswahl von „kleine" Essays unter dem Titel *Gânduri altfel despre...* (*Andere Gedanken über...*) (Clusium Verlag, Cluj-Napoca/Klausenburg).

- 2008 erscheint in Deutschland sein Roman *Die schöne Insel* (Pop Verlag, Ludwigsburg). Im selben Jahr verfasste er den Roman *Iluziile unui secol* (*Illusionen eines Jahrhunderts*) – eine sozio-psychologische Betrachtung des XX. Jahr-hunderts mittels einer Familiensaga (2015 bei BoD erschienen).

- 2009 verfasst Thomas Brandsdörfer eine Sammlung von Essays unter dem Titel *Was die Wörter flüstern*.

- 2010 verfasst der Autor den Roman *Der Weißer See* – die tragische Geschichte einer an Demenz erkrankten Frau.

- 2011-2014 schrieb er wieder Essays, die unter dem Titel *Plimbări printre idei și emoții 2013-2014* (*Spaziergänge durch Gedanken und Gefühle 2013-2014*) bei BoD im Jahr 2015 veröffentlicht wurden. (Einige Titel/Themen: *Das Schweigen, die Zahl 0 und die Ruhe* und *Farbe und Sein*).

Seit 1980 lebt und arbeitet Thomas Brandsdörfer in Düsseldorf.